COLLECTION DES CLASSIQUES POPULAIRES

CHATEAUBRIAND

LES CLASSIQUES POPULAIRES

Publiés sous la direction de M. Emile FAGUET

DE L'ACADÉMIE FRANÇAISE

Prix de chaque volume, broché. . . . . **2 »**

— — *cart. souple, tr. rouges.* **2 75**

Chaque volume contient de nombreuses illustrations.

HOMÈRE, par A. Couat, recteur de l'Académie de Bordeaux, 1 vol.

HÉRODOTE, par F. Corréard, professeur agrégé d'histoire au Lycée Charlemagne, 1 vol.

PLUTARQUE, par J. de Crozals, professeur d'histoire à la Faculté des Lettres de Grenoble, 1 vol.

DÉMOSTHÈNE, par H. Ouvré, professeur à la Faculté des Lettres de Bordeaux, 1 vol.

CICÉRON, par M. Pellisson, agrégé des Lettres, docteur ès Lettres, 1 vol.

VIRGILE, par A. Collignon, Professeur à l'Université de Nancy, 1 vol.

DANTE, par Edouard Rod, 1 vol.

LE TASSE, par Emile Mellier, agrégé de l'Université, inspecteur d'Académie, 1 vol.

CERVANTÈS, par Lucien Biart, lauréat de l'Académie française, 1 vol.

SHAKESPEARE, par James Darmesteter, professeur au Collège de France, 1 vol.

GŒTHE, par Firmery, Inspecteur général de l'Instruction publique, 1 vol.

LA POÉSIE LYRIQUE EN FRANCE AU MOYEN AGE, par L. Clédat, doyen de la Faculté des Lettres de Lyon, 1 vol.

LE THEATRE EN FRANCE AU MOYEN AGE, par Le Même, 1 vol.

LES CHRONIQUEURS, par A. Debidour, Inspecteur général de l'Instruction publique.
PREMIÈRE SÉRIE : *Villehardouin ; — Joinville,* 1 vol.
DEUXIÈME SÉRIE : *Froissart ; — Commines,* 1 vol.

RABELAIS, par Emile Gebhart, de l'Académie française.

RONSARD, par G. Bizos, 1 vol.

MONLUC, par Ch. Normand, docteur ès Lettres, professeur agrégé d'histoire au Lycée Condorcet, 1 vol.

MONTAIGNE, par Maxime Lanusse, docteur ès Lettres, professeur agrégé au Lycée Charlemagne.

CORNEILLE, par Emile Faguet, de l'Académie Française.

LA FONTAINE, par Le Même, 1 vol.

MOLIÈRE, par H. Durand, inspecteur général honoraire de l'Université, 1 vol.

RACINE, par Paul Monceaux, professeur de rhétorique au Lycée Henri IV, docteur ès Lettres, 1 vol.

BOILEAU, par P. Morillot, professeur à la Faculté des Lettres de Grenoble, 1 vol.

Mme DE SÉVIGNÉ, par R. Vallery-Radot, lauréat de l'Académie française, 1 vol.

BOSSUET, par G. Lanson, professeur à la Sorbonne, 1 vol.

FÉNELON, par G. Bizos, recteur de l'Académie de Bordeaux, 1 vol.

LA BRUYÈRE, par Maurice Pellisson, agrégé des Lettres, docteur ès Lettres, 1 vol.

SAINT-SIMON, par J. de Crozals, professeur à la Faculté des Lettres de Grenoble, 1 vol.

RETZ, par Ch. Normand, 1 vol.

LA ROCHEFOUCAULD, par Félix Hémon, inspecteur général de l'Instruction publique.

PASCAL, par Maurice Souriau, professeur à l'Université de Caen, 1 vol.

MONTESQUIEU, par Edgar Zevort, recteur de l'Académie de Caen, 1 vol.

LESAGE, par Léo Claretie, agrégé des Lettres, docteur ès Lettres.

VOLTAIRE, par Emile Faguet.

J.-J. ROUSSEAU, par L. Ducros, doyen de la Faculté des Lettres d'Aix, 1 vol.

BUFFON, par H. Lebasteur, professeur agrégé des Lettres au Lycée de Lyon, 1 vol.

FLORIAN, par Léo Claretie, professeur agrégé des Lettres, docteur ès Lettres, 1 vol.

ANDRÉ CHÉNIER, par Paul Morillot.

BERNARDIN DE SAINT-PIERRE, par de Lescure, 1 vol.

CHATEAUBRIAND, par A. Bardoux, membre de l'Institut, 1 vol.

VICTOR HUGO, par Ernest Dupuy, inspecteur général de l'Instruction publique, 1 vol.

LAMARTINE, par Edouard Rod, 1 vol.

BÉRANGER, par Ch. Causeret, agrégé de l'Université, docteur ès Lettres, inspecteur d'Académie.

AUGUSTIN THIERRY, par F. Valentin, professeur agrégé d'histoire, 1 vol.

MICHELET, par F. Corréard, professeur agrégé d'histoire au Lycée Charlemagne, 1 vol.

THIERS, par Edgar Zevort, recteur de l'Académie de Caen, 1 vol.

GUIZOT, par J. de Crozals, professeur à la Faculté des Lettres de Grenoble, 1 vol.

ALFRED DE MUSSET, par A. Claveau, ancien élève de l'École normale supérieure, 1 vol.

ÉMILE AUGIER, par H. Parigot, professeur de rhétorique au Lycée Condorcet, 1 vol.

Tous les volumes ont été honorés d'une souscription du Ministère de l'Instruction publique.

CHATEAUBRIAND.

COLLECTION DES CLASSIQUES POPULAIRES

CHATEAUBRIAND

PAR

A. BARDOUX

MEMBRE DE L'INSTITUT

Un volume orné de plusieurs portraits
et reproductions

PARIS

SOCIÉTÉ FRANÇAISE D'IMPRIMERIE ET DE LIBRAIRIE

ANCIENNE LIBRAIRIE LECÈNE, OUDIN et Cie

15, RUE DE CLUNY, 15

DU MÊME AUTEUR

Les légistes et leur influence dans l'ancienne société française, 1 vol. in-8° (*Alcan*). . .   5 fr.

Le comte de Montlosier et le Gallicanisme, 1 vol in-8° (*Calmann-Lévy*). 7 50

La comtesse Pauline de Beaumont, 1 vol. in-18 jésus (*Calmann-Lévy*). 3 50

La Bourgeoisie française, 1 vol. in-8° (*Calmann-Lévy*). 7 50

Madame de Custine, 1 vol in-18 jésus (*Calmann Lévy*). 3 50

La jeunesse de La Fayette, 1 vol. in-8° (*Calmann-Lévy*). 7 50

Les dernières années de La Fayette, 1 vol in-8° (*Calmann-Lévy*). 7 50

Études d'un autre temps, 1 vol. in-18 jésus (*Calmann-Lévy*).. . . .   • • • • • • • •   3 50

AVANT-PROPOS

Nous n'avons pas eu la pensée d'apporter sur Chateaubriand des vues nouvelles. Aucun écrivain n'est plus connu que lui ; aucun n'a plus été l'objet d'enthousiasmes sincères et aussi quelquefois d'appréciations malignes. Nous n'avons d'autre titre, pour nous permettre de le juger après des maîtres éminents, qu'une admiration constante, que les années n'ont pu affaiblir (1).

Pour aider à le bien connaître, convenait-il de choisir une autre méthode que la nôtre ? Fallait-il diviser notre travail autrement que nous l'avons conçu, distinguer dans Chateaubriand le critique, le romancier, le voyageur, le polémiste, et grouper sous chacun de ces titres les ouvrages s'y rapportant ?

Nous connaissons des esprits, et des plus fins, qui ont ainsi procédé.

Il nous a semblé qu'une démarcation absolue entre

______

(1) Il nous suffit de rappeler les travaux de Sainte-Beuve et les deux dernières Etudes sur Chateaubriand, celle de M. Faguet dans ses Etudes Littéraires, et celle de M. des Essarts dans ses « Portraits de Maîtres ».

ses diverses qualités était impossible, quand on voulait apprécier Chateaubriand : que c'était toujours lui
qui était en spectacle ; que son âme était la trame de
toutes ses conceptions et de toutes ses productions ;
et nous avons cru que la clarté de notre étude gagne-
rait à un examen particulier de chacune des œuvres
de cet homme de génie, en suivant la date de la publication. Il n'y avait qu'un péril à éviter, celui des
répétitions.

Nous avons dû faire beaucoup de citations ; notre
but est en effet d'arriver à donner une idée complète
de l'écrivain, alors même que le lecteur n'aurait pas
dans sa bibliothèque la collection des œuvres de Chateaubriand. Nous ne pensons pas cependant avoir
abusé de ce procédé. Nous n'avons pas cité quand ce
n'était pas utile pour mieux faire comprendre ou justifier notre jugement.

Qui pourrait se plaindre, au surplus ?

C'est comme si, à la Tribune de Florence, ou dans
le Salon carré du Louvre, on craignait d'offusquer les
regards d'un visiteur attentif et ami du beau, en aug-
mentant d'un plus grand nombre d'admirables toiles,
l'exposition d'un des plus illustres maîtres.

Mars 1893.

CHATEAUBRIAND

CHAPITRE PREMIER.

OBJET DE CE LIVRE.

La Révolution française n'a pas été seulement
une profonde modification politique et sociale ;
elle a été aussi, mais plus lentement, une grande
évolution dans les âmes.

Tourmentées de vagues besoins, de tristesses
plus vagues encore, sentant en elles et autour
d'elles la fin de tout un monde, elles ne trouvaient pas dans les pseudo-classiques des dernières années du XVIIIe siècle l'interprète de leurs
sentiments confus. Chateaubriand parut à l'aurore
du siècle nouveau ; et il fut salué, jeune encore,
par l'opinion publique, comme un Homère.

Il avait pour mission de régénérer notre littérature dans son esprit général et dans sa manière
de sentir, aussi bien que dans ses formes exté-

rieures. Il devait rajeunir l'imagination française
appauvrie et desséchée ; il devait être le père, sans
lui donner son nom, de cette époque féconde et
brillante entre toutes, qu'on a appelée le Romantisme.

Cette mission, Chateaubriand l'a remplie avec
éclat. Son influence, acceptée des plus rebelles, a
transformé, en l'affranchissant, tout le domaine
intellectuel, l'art et la poésie, l'histoire, la critique et le roman. Victor Hugo, Lamartine, Alfred
de Vigny descendent de lui, et aussi Augustin
Thierry, Michelet, Villemain, et aussi G. Sand,
Théophile Gautier, et enfin tout le mouvement
archéologique qui a rempli les deux tiers du siècle qui s'en va.

Une autre mission, toute morale, lui incombait
encore : celle de donner le signal d'une révolution
religieuse à des cœurs saignants et à des esprits
ébranlés par l'orage. Sans être un théologien, ni
un Père de l'Église, il a rompu avec le scepticisme
et la raillerie et rouvert les portes du Temple.

Sa gloire reste encore debout ; il est le plus
grand nom qui ait été sur les lèvres de nos pères.
Comme le rocher où il a creusé son tombeau, toujours baigné par les flots, couvert parfois par la
tempête, battu par le vent d'orage, mais inébran-
lable, comme le granit, il domine toujours l'horizon.

CHAPITRE II.

LA LITTERATURE FRANÇAISE AU MOMENT OU PARUT CHATEAUBRIAND.

Chez aucun écrivain, hormis chez Jean-Jacques
Rousseau, les idées n'ont plus été l'expression du
caractère ; et jamais depuis Ronsard, plus complète
innovation ne s'était manifestée dans les procédés
littéraires de notre nation, dans sa poétique et
dans l'expression des troubles de l'âme. C'est
qu'en effet, lorsque Chateaubriand prit la plume,
dominé qu'il était par une sorte de démon intérieur, la société politique et la société littéraire
offraient le plus complet et le plus étonnant contraste. Confinée dans l'atmosphère factice des
salons, tout entière à l'esprit d'observation et
d'analyse, se détournant avec répugnance de tout
ce qui relevait du côté personnel et intime, inac-
cessible aux sincères émotions du cœur, mettant
tout son idéal dans une raison moyenne, dans les
bienséances mondaines, dans la mesure et la dis-
crétion du langage, dans une galanterie sans
amour, la littérature des dernières années du

siècle de Voltaire tournait aux compositions les plus artificielles.

Tandis que la révolution politique était mûre, le monde religieux lui-même était livré à tous les relâchements d'une morale accommodante et ne donnait que rarement l'exemple du sacrifice ou le spectacle de la force d'âme et de l'élévation du caractère. Il fallait les persécutions ou l'exil pour faire disparaître les abbés de Cour.

Pendant que les idées spéculatives ne connaissaient pas de limites, la poésie excluait les moindres hardiesses de l'inspiration. Il n'y avait qu'un André Chénier, à peine connu de quelques amis. C'était à la raison, à la raison seule que ceux qui s'appelaient poètes devaient tendre. Dans les romans, comme au théâtre, l'homme était dépouillé de tout caractère individuel pour revêtir un caractère général. Ce n'était pas un individu que l'auteur dramatique cherchait à peindre, tant le *moi* était en horreur, c'était un type. Dans l'histoire surtout, le système accepté consistait à écarter les détails caractéristiques, à dédaigner le milieu, le costume, les circonstances, parce que c'étaient choses variables et accidentelles. C'eût été faillir à la vérité que d'animer le spectacle des choses humaines, et manquer de tact et de goût que de souligner un de ces traits significatifs, ou de citer un de ces mots crus qui résument tout un personnage. Pharamond et Clovis étaient nécessairement des prototypes de Louis XIV, et ils étaient représentés en perruque. L'histoire était oratoire, vague, ou falsifiée et n'existait que de nom.

La littérature classique, née au xvi° siècle de l'admiration des chefs-d'œuvre de l'antiquité et qui s'y était adaptée dans une mesure si parfaite, avait habitué les intelligences à un moule où les plus nobles esprits avaient pourtant versé une matière puisée en eux-mêmes ; mais les héritiers de Voltaire et de l'Encyclopédie, si l'on excepte les ouvrages de politique ou de science sociale, en étaient arrivés à ne rien verser du tout et à ne plus être que des ombres d'imitateurs. « Ils imi·taient l'imitation. »

Dans le domaine de l'art littéraire, l'esprit proprement dit, les rapprochements ingénieux, étouffaient la partie poétique élevée et passionnée, celle qui restait enfouie dans les origines du génie national. La littérature n'était plus qu'un ensemble de formules stériles, sans aspirations nouvelles, et même sans investigation curieuse. Au théâtre, la tragédie n'avait gardé que le système et l'appareil des trois unités ; la comédie, malgré son aisance, son agrément et son élégant badinage, ne produisait plus que les esquisses d'Andrieux, de Colin d'Harleville ou de Picard. Le talent était réduit à la correction et à la prudence. En un mot, le culte des modèles classiques arrivait à l'affadissement. Personne n'a plus éloquemment que Lamartine jeune, dans la préface de ses premières Méditations peint le vide des âmes, dans cette époque, toute livrée à l'action :

« Je me souviens qu'à mon entrée dans le monde, il n'y avait qu'une voix sur l'irrémédiable décadence sur la mort accomplie et déjà froide de cette mystérieuse faculté de l'esprit humain qu'on appelle la poésie... Tous ces hommes géométriques qui seuls avaient alors la parole, et qui nous écrasaient, nous autres jeunes gens, sous l'insolente tyrannie de leur triomphe, croyaient avoir desséché, pour toujours en nous, ce qu'ils étaient parvenus à tuer en eux, toute la partie morale, divine et mélodieuse de la pensée humaine. Rien ne peut peindre, à ceux qui ne l'ont pas subie, l'orgueilleuse stérilité de cette époque... Ces hommes nous disaient : « Amour, liberté, philosophie, religion, enthousiasme, poésie, néant que tout cela ! Calcul et force, chiffre et sabre, tout est là ! Nous ne croyons que ce qui se prouve, nous ne sentons que ce qui se touche. La poésie est morte avec le spiritualisme dont elle était née. » Et ils disaient vrai ; elle était morte dans leurs âmes, morte en eux, et autour d'eux. Par un sûr et prophétique instinct de leur destinée, ils tremblaient qu'elle ne ressuscitât dans le monde avec la liberté ; ils en jetaient au vent les moindres racines, à mesure qu'il en germait sous leurs pas, dans leurs écoles, dans leurs lycées, dans leurs gymnases, surtout dans leurs noviciats militaires et polytechniques. Tout était organisé contre cette résurrection du sentiment moral et poétique ; c'était une ligue universelle des études mathématiques contre la pensée et la poésie. Le chiffre seul était permis, honoré, protégé, payé. Comme le chiffre ne raisonne pas, comme il est un merveilleux instrument passif de tyrannie qui ne demande jamais à quoi on l'emploie, qui n'examine nullement si on le fait servir à l'oppression du genre humain, ou à sa délivrance, au meurtre de l'esprit ou à son émancipation, le chef militaire de cette époque ne voulait pas d'autre missionnaire, d'autre séide. »

Un scepticisme presque universel succédait à la fièvre des passions populaires ; et désenchantés des théories, ou énervés par la souffrance, les esprits n'éprouvaient guère que le besoin de croire à la fortune d'un homme auquel la nation épuisée pût abandonner le soin de ses destinées. Les genres licencieux et frivoles avaient seuls profité de la liberté que l'on pensait avoir acquise dans l'ordre littéraire. Le libertinage ou l'impiété s'affichait ; et le pouvoir les encourageait de son indifférence ou de sa complicité. Comment s'étonner dès lors de ne rencontrer dans les œuvres littéraires de toute nature que des formes vides de pensée, une correction timide, une discipline glaciale, et des procédés mécaniques ? Mme de Staël seule faisait exception, et si son nom ne tient pas dans ce livre une grande place, c'est uniquement parce que la méthode de notre travail a concentré tous nos efforts sur un seul point lumineux.

Le mal datait de loin. Un seul homme au xviiie siècle, avant Chateaubriand, avait brisé tous les cadres factices, et au lieu de ne s'adresser qu'à la froide raison, avait fait appel à la sensibilité ; il n'avait entretenu le public que de lui-même, de ses fautes et de ses rêves, de ses égarements et de son enthousiasme, de ses ardeurs et de ses chimères ; seul, au milieu de ces mondains effrénés, il avait osé parler du ravissement de ses promenades solitaires ; seul, il avait osé chanter une nuit délicieuse de sa pauvre jeunesse, nuit passée aux bords de la Saône, dans le creux d'une terrasse, avec le ciel étoilé au-dessus de sa tête, tandis que les rossignols berçaient son sommeil ; seul aussi, en présence des philosophes, à un souper chez Mlle Quinault, il avait osé s'écrier : « Messieurs, je crois en Dieu et je sors, si vous « dites un mot de plus. » Mais c'est moins par la découverte, qu'il avait faite, de la poésie de la nature, c'est moins par sa courageuse profession de foi spiritualiste, que par l'*Emile* et le *Contrat social*, par ses théories fausses, que Jean-Jacques avait eu prise sur son temps.

Chateaubriand l'avait bien lu et longuement médité dans ses années d'exil. L'*Essai sur les révolutions* et les notes dont il surchargea pour plaire aux Bourbons cette première élucubration de jeunesse, en font foi ; mais Jean-Jacques était démodé, au moment où le nom de Chateaubriand va être prononcé dans les lettres françaises ; une rénovation profonde se produisait partout, dans toutes les branches de l'activité nationale ; malgré la résistance de l'école voltairienne, la chute de l'ancien régime politique préparait sourdement celle de l'ancien régime littéraire. Le monde nouveau demandait autre chose que les poèmes fabriqués par l'abbé Delille, que l'*Enfant Prodigue* de Campenon, ou la *Philippide* de Viennet, autre

chose que la prose desséchée de l'abbé Morellet,
ou même de Marie-Joseph Chénier et de Ginguené.
On s'apercevait qu'à force d'être mise et remise
dans les mêmes plis, la trame de leurs idées s'é-
tait limée et coupée, que les mots, par eux-mêmes,
cessaient d'avoir une marque et « ressemblaient à
ces mauvaises épreuves d'imprimerie qui sortent
d'une planche fatiguée par de nombreux tirages,
et usée par le jeu de la presse. » Contraste singulier ! d'une part, des générations dévorées du besoin d'agir, secouées et inquiètes, et d'autre part,
« cette placidité pénétrante », cette région sans
vie où se complaisaient les écrivains survivants
du xviii' siècle ! D'un côté, une mêlée sur la frontière, ardente comme l'air embrasé de la poudre,
et de l'autre, une force d'inertie peu ordinaire,
maîtresse de l'esprit national !

Chateaubriand se lève alors, sans qu'il soit
annoncé, et sans qu'il ait eu, si ce n'est dans Jean-
Jacques, un précurseur. Bernardin de Saint-Pierre,
avec son talent charmant, n'avait guère agi sur Chateaubriand. L'un n'avait pour peindre qu'un pinceau délicat ; « l'autre avait une brosse. » S'il
semblait par sa naissance destiné à devenir un des
champions du passé, l'éducation de René préparait
en lui une âme moderne, et ne ressemblant à aucune autre. C'est cette âme étrange et complexe qui
a frappé, séduit, et entraîné les jeunes générations.

La manière dont le génie de Chateaubriand s'est
formé ne se comprend en effet que par l'examen

de son caractère, des désirs fous, des exaltations incomprises de son adolescence et de sa jeunesse. C'est entre les murs du froid donjon de Combourg, dans la solitude des bois et des grèves de Bretagne, dans ses veilles sans pain et sans feu à Londres, que Chateaubriand prit la maladie qu'il donna à son siècle, cette mélancolie, cet ennui sans terme ni limites, et qu'il sentit germer en lui-même l'inspiration. Il nous a livré tous les moyens de le connaître. On peut le prendre dans son pays natal, dans sa race, dans son père, dans sa mère et surtout dans une de ses sœurs. Il s'est peint et analysé lui-même, sous toutes les faces, dans ses livres. Nous n'avons qu'à le suivre. S'il est l'égoïsme profond, c'est aussi la grandeur et la tristesse même, que René de Chateaubriand; il ne nous dissimulera dans sa vie que ce que les convenances de parfait gentilhomme qu'il était, lui ont interdit de nous dévoiler, et il semble que ses défauts de caractère, l'orgueil de lui-même, l'indifférence facile pour les autres, sa lassitude précoce de l'amour, s'atténuent et se perdent dans la dignité qu'il sut garder jusqu'à la fin, dans cette haute estime de soi qui s'imposait aux autres.

CHAPITRE III.

Il descendait d'une des plus anciennes et des plus illustres familles de Bretagne. La troisième branche, à laquelle il appartenait, était peu à peu tombée dans la détresse par des subdivisions de partages.

Sa grand'mère, veuve de bonne heure, chargée de quatre fils, habitait, dans la plus grande pauvreté, un petit manoir aux environs de Dinan. A peine cinq cents livres de rente devaient suffire aux besoins de la maison. Son troisième fils René, celui qui devait être le père de Chateaubriand, était resté près d'elle ; il avait treize ans, et sa mère avait rêvé d'en faire un officier de marine ; elle ne put parvenir à l'équiper, quoiqu'elle vendît pour cela son linge, quelques dentelles et jusqu'à son anneau de mariage. Le brevet demandé au minis-tre n'arriva pas faute de protecteur. Elle tomba malade de chagrin ; l'enfant approcha du lit où elle était couchée et lui dit : « Ma mère, ayez bon courage ; je ne veux plus vous affliger et être un

fardeau pour vous : laissez-moi aller faire fortune !
— René, répondit-elle, que veux-tu faire ? La-
boure ton champ avec moi ! — Il ne peut pas
nous nourrir ; laissez-moi partir ! Je m'embar-
querai, je ferai fortune et je viendrai vous secou-
rir. — Eh bien ! dit la mère, pleurant toujours,
va donc où Dieu veut que tu ailles ! » Et elle
embrassa l'enfant avec des sanglots.

Le soir même, il fit un petit paquet de ses har-
des, le mit sur son dos, arriva à Dinan, où une
parente de sa mère lui donna une lettre pour un
armateur de Saint-Malo. Le jeune aventurier s'embarqua comme volontaire sur une goélette faisant partie de la flotte envoyée au secours de
Stanislas Leczinski, assiégé par les Russes à Dant-
zick. Il fut blessé à côté de l'héroïque comte de
Plélo. Après mille souffrances et des aventures
sans nombre, son courage, son esprit d'ordre le
firent connaître. De riches colons s'intéressèrent
à son sort ; il fut envoyé aux îles et commença
à jeter les fondements de la nouvelle fortune de
sa famille.

Il était grand et sec, avait le nez aquilin, les
lèvres pâles, les yeux pers et petits. Dans la colère,
ses regards lançaient véritablement des flammes ;
une seule passion le dominait, celle de son nom.
Il ne vivait que pour rendre à sa famille l'éclat
qu'elle avait perdu. Son orgueil, blessé par sa
première position, par le sentiment de l'injustice
humaine, dégénéra dans une misanthropie pro-

fonde que l'âge ne fit qu'augmenter et dans un silence dont il ne sortait que par des explosions de colère.

Ce fut au retour d'une de ses courses, lorsqu'il commençait à être moins malheureux, qu'il songea à se marier. Apolline de Bédée, qu'il épousa, avait peu de fortune et n'était pas jolie. Mais elle avait les plus beaux yeux du monde ; instruite de toutes les anecdotes de la cour de Louis XIV, elle savait tout *Cyrus* par cœur ; aimant la société autant que son mari aimait la solitude, aussi pétulante qu'il était froid, la contrariété qu'elle éprouva dans ses penchants la rendit peu à peu rêveuse et mélancolique, de légère et gaie qu'elle était par caractère. Obligée de se taire quand elle aurait voulu parler, elle s'en dédommageait par une espèce de tristesse bruyante, entrecoupée de soupirs. « Le mari était la terreur des domestiques, la femme en était le fléau »

Elle donna le jour à dix enfants ; les quatre premiers moururent au berceau. L'aîné de ceux qui survécurent s'appela Jean-Baptiste. C'est lui qui devint le petit-gendre de Malesherbes et qui eut l'honneur de monter sur l'échafaud avec ce grand citoyen. Après Jean-Baptiste, naquirent quatre filles : Marianne, Benigne, Julie et Lucile, toutes quatre d'une rare beauté. Le dernier, dans l'ordre de naissance, qui était destiné à la gloire, vint au monde le 4 septembre 1768, dans une petite rue de Saint-Malo, appelée la rue des Juifs,

La maison appartenait alors à M. de Boisgarrian, père de la princesse de Carignan. La chambre où Mme de Chateaubriand accoucha, dominait les murs déserts de la ville et donnait sur une mer se brisant parmi des écueils ; le bruit des flots étouffa les premiers cris de ce cadet de Bretagne, qui écrivit qu'après le malheur de naître, il n'en connaissait pas de plus grand que celui de donner le jour à un homme ; il fut nommé François, dont la fête était le 4 septembre, et René à cause de son père.

Poursuivant ses plans pour le rétablissement de sa famille, le comte de Chateaubriand acquit le vieux château de Combourg qui avait appartenu à ses ancêtres, et qui avait passé dans les mains du maréchal de Duras ; il y faisait de fréquents voyages.

Abandonné de sa mère, qui gardait toute sa tendresse pour son fils aîné, terrifié par son père qu'il n'aimait pas, Chateaubriand reçut du caractère de ses parents ses premiers sentiments. Sa nature passionnée et énergique se révèle dès le bas âge. Il aima avec fureur la pauvre femme qui prit soin de lui. On l'appelait la Villeneuve, il ne pouvait la quitter. Ayant été une fois renvoyée par Mme de Chateaubriand, on fut obligé de la faire revenir, ou il serait mort. Il resta pâmé de douleur, une journée entière, refusant toute nourriture ; mais il contracta bientôt une amitié qui fut le charme de sa jeunesse.

Lucile, la quatrième des sœurs de Chateaubriand, avait deux ans de plus que lui ; elle était
la plus négligée et la moins aimée des filles. Elle
n'avait pour s'habiller que la dépouille de ses
sœurs, maigre, trop grande pour son âge, avec
des bras dégingandés, un air triste et malheureux,
« languissant dans un coin, comme une che-
vrette malade. »

Elle fut livrée à son jeune frère, comme un
jouet et comme une servante ; mais, au lieu de la
soumettre à ses volontés, il devint son ardent
défenseur. Il avait le cœur gros, lorsqu'il la
voyait plus mal habillée que ses sœurs. Quand
le maître d'écriture la grondait ou lui donnait des
coups de règle sur les doigts, enflés par les enge-
lures, il se jetait furieux sur le maître ; si on la
punissait, il fallait abréger la pénitence ou con-
sentir à entendre ses éternels pleurs. Son cœur
saignait de l'injustice dont Lucile était l'objet.

Ses premières années, il les passa sur la grève,
élevé comme le *compagnon des vents et des flots*,
de Dinard, à Saint-Malo et Paramé, en présence
du plus beau paysage maritime qui soit au monde,
chemise déchirée, bas troués, se battant à coups
de galets avec les mousses, le visage égratigné et
meurtri, mal vêtu, sans argent pour acheter des
jouets ou des gâteaux. « Afin d'éviter les mépris
qui s'attachent à la mauvaise fortune », il allait
s'asseoir loin de la foule et s'amusait à voir voler
les oiseaux de mer. Le soir, en rentrant au logis,

l'enfant n'était guère plus heureux. Il avait le malheur d'avoir pour certains mets une répugnance invincible : on le forçait d'en manger ; s'il laissait ce qu'on lui avait servi, il allait se coucher sans souper ; pour le feu même rigueur : on ne souffrait pas qu'il approchât de la cheminée.

Cette rude éducation imprima à ses sentiments une tristesse incurable.

Une enfance malheureuse rend mélancolique, pour toute la vie, l'homme qui sent et qui pense. Hormis quelques éclairs de gaîté, plus tard, à Villeneuve-sur-Yonne, chez Joubert, et quelques sourires avec les femmes distinguées et charmantes qui l'ont aimé, Chateaubriand ne connut pas le vrai rire, le rire franc qui épanouit le visage et le cœur.

Ses joies d'enfant, ce furent les cérémonies religieuses qui les lui donnèrent. Lorsque dans la cathédrale sombre de Saint-Malo, les soirs d'hiver, à l'heure du Salut, la foule était accourue, que les autels étaient illuminés de toutes parts, que les matelots et les femmes chantaient en chœur, au moment de la Bénédiction, tandis que, dans l'intervalle des chants, on entendait mugir le vent de la mer qui ébranlait les vitraux de l'église, l'imagination de l'enfant était fortement secouée, et il n'avait pas besoin alors que la pauvre Villeneuve, son amie, lui dît de joindre les mains. A douze ans, il devait faire sa première communion, avec toutes les angoisses et l'exaltation d'un martyr. Ce sentiment religieux, malgré des doutes intermittents, malgré le pessimisme orageux de l'*Essai sur les révolutions*, entra encore dans la composition du caractère de Chateaubriand.

Il nous reste, en étudiant son adolescence, d'autres éléments à recueillir pour le bien connaître. La Muse viendra ensuite couvrir de ses ailes cette étrange et énergique individualité et faire éclore le génie le plus original de ce siècle.

Arriva l'heure du collège et d'études presque vides à Dol, à Dinan, à Rennes. La facilité de travail de l'écolier était remarquable et sa mémoire rare. Comme tous ceux qui deviennent des lettrés supérieurs, il ne répugnait pas aux sciences. Si le collège ne révéla pas cependant en lui de qualités extraordinaires, il mit à nu un orgueil profondément enraciné.

Un jour, un de ses maîtres lui ayant dit : « vous aurez le fouet », l'indignation s'éleva dans son cœur et il répondit, avec l'accent d'un homme, que jamais personne ne lèverait la main sur lui. Ses sentiments exaltés firent d'abord place à des torrents de larmes, puis à des supplications. Quand le jeune Chateaubriand vit le maître sourd à ses prières, il se releva plein de rage. La bataille s'engage ; heureusement que, pour s'animer au combat, il cite le célèbre vers : *Macte animo generose puer !* — Ce que n'avait pu faire la prière, cette érudition de grimaud l'obtint. Le maître rit et fut désarmé. Ce fut la première lutte que lui fit entre-

prendre l'honneur, auquel il a tant de fois sacri-
fié son bonheur et son repos.

C'était Combourg qui devait achever son éducation.

Après avoir terminé ses classes, il avait été
adressé à Brest, à l'un de ses oncles maternels, le
comte de Ravenel de Boisteileul, chef d'escadre.
On espérait un brevet d'aspirant ; mais le brevet
n'arrivait pas. Chateaubriand aurait assez aimé
le service de la marine, si son esprit d'indépendance ne l'eût éloigné de tous les genres de service. Les voyages le tentaient ; mais il sentait
qu'il ne les aimerait que seul, en suivant ses volontés et ses caprices. Enfin, donnant la première
preuve de sa facilité à se dégoûter de tout, sans
en avertir son oncle Ravenel, sans écrire à son
père, sans attendre davantage, il partit un beau
matin pour Combourg.

Les deux années qu'il y passa de seize à dix-huit
ans furent l'époque la plus caractéristique de sa
vie. Il les a racontées avec une éloquence inoubliable, jamais son âme ardente et inquiète ne s'y
est montrée plus à découvert. Les atteintes des
curiosités de l'adolescence, les premiers éveils des
passions le troublèrent avec une extraordinaire
violence. Tout était fait pour affiner sa sensibilité précoce : ce château sombre, nid de vau-
tours au milieu des bois, le calme morne de la
solitude, augmenté encore par l'humeur taciturne
et insociable de son père, les nuits isolées dans

une sorte d'échauguette au plus haut d'une tour,
les soirées silencieuses dans une vaste salle,
éclairée par une seule bougie, où l'on entendait
le père marchant dans les ténèbres, et émergeant
lentement dans la lumière, avec sa figure longue
et pâle, ces deux femmes, Lucile et sa mère, ayant
peur de tout, craignant les revenants, forçant le
petit René à regarder sous les lits, dans les che-
minées, derrière la porte ; tout ce spectacle était
aussi romanesque que singulier.

Relégué dans l'endroit le plus désert, à l'ouverture des galeries des tours du château, il avait
pour compagnons des martinets qui, durant l'été,
s'enfonçaient en criant dans les trous des murs,
et son oreille ne perdait pas un seul murmure du
vent. Son imagination excitée se jetait sur tout ce
qui lui était inconnu, ne trouvant nulle part assez
de nourriture.

Un tempérament violent, une constitution robuste, des chasses enragées, peu de lecture ! Il
s'emportait si loin dans ses courses, que, ne pouvant plus marcher par excès de lassitude, les gar-
des étaient obligés de le rapporter sur leurs bras.
Il croissait près de sa sœur, et leur affection était
toute leur vie. Ils se ressemblaient par plus d'un
point. Tout pour Lucile était souci, chagrin, blessure ; une expression qu'elle cherchait, une chimère qu'elle s'était faite, la tourmentaient des
mois entiers. C'était aussi la bonne fée de ce frère
adoré, et elle en avait l'aspect par son étrangeté.

La vie qu'on menait à Combourg était faite
pour augmenter l'exaltation de leur caractère.
Leur principal plaisir dans cette Bretagne mys·
térieuse et mystique consistait à se promener
ensemble dans les bois profonds, surtout pendant l'automne. « Nous marchions l'un auprès
de l'autre, prêtant l'oreille au murmure du vent
dans les grands arbres dépouillés, ou au bruit des
feuilles séchées que nous traînions sous nos pas. »
Ce fut dans une de ces promenades que Lucile,
entendant un jour son frère lui parler avec ravissement de la solitude, lui dit : « Tu devrais
peindre tout cela. » Ce mot fut une révélation.

Le goût que sa sœur lui avait inspiré pour la
poésie, ou plutôt l'instinct qu'elle lui avait ré-
vélé, ne fut que de l'huile jetée sur le feu. Cette
vie de rêves, dans un paysage d'une grandeur
sauvage et d'une mélancolie pénétrante, la timidité et la solitude, développèrent chez cet adolescent de seize ans une sorte de délire qui dura
deux années entières. Distrait, triste, ardent, fa-
rouche, il ne parlait plus, n'étudiait pas, il fuyait
jusqu'à Lucile. Tout entier à ses rêves, il s'enfon-
çait dans les forêts, écoutant tous les bruits qui
sortent des lieux infréquentés, prêtant l'oreille à
une voix mystérieuse qui lui criait : « Levez-vous
« vite, orages désirés, qui devez emporter René
dans les espaces d'une autre vie ! »

Il dépensait toutes ses énergies en désirs qu'il
mettait aux pieds de l'être imaginaire qu'il appe-

CHATEAU DE COMBOURG.

lnit sa sylphide, façonnant déjà son âme triste à
désirer toujours, à sentir les souffrances de l'a-
mour et à n'aimer jamais, **créant** déjà en lui le
type immortel de René, toujours « agité, tourmenté
et comme possédé par le démon de son cœur. »
— La nuit, ne pouvant plus rester dans sa tour,
il descendait à travers les ténèbres, ouvrait furti-
vement la porte du perron, et allait chercher dans
l'ombre épaisse des bois le repos qui le fuyait.
« Après avoir marché à l'aventure, agitant mes
« mains, embrassant les vents qui m'échappaient
« ainsi que l'ombre, objet de mes folles poursui-
« tes, je m'appuyais contre le tronc d'un arbre ;
« je regardais la lune à travers la cime dépouillée
« des bois, ou les corbeaux que je faisais s'envo-
« ler d'un arbre pour se poser sur un autre. Je ne
« sentais ni le froid, ni l'humidité de la nuit, l'ha-
« leine glaciale de l'aube ne m'aurait pas même
« tiré du fond de mes pensées, si, à cette heure,
« les cloches du village ne s'étaient fait enten-
« dre. »
Avec une âme aussi malade, l'envie de mourir
devint chez Chateaubriand le sentiment domi-
nant. Sa mère ne le consolait pas ; Lucile était
malheureuse ; il manquait de tout, même de vê-
tements. Son père le faisait trembler ; il l'épiait
sans cesse pour le gronder. Lorsque, revenant de
ses courses insensées, René l'apercevait sur le
perron, on l'aurait plutôt tué que de le faire rentrer au château ; il se glissait dans la salle à man-

ger, s'asseyait tout tremblant sur le coin de sa chaise à table, avec ses habits déchirés, son visage battu par la pluie et le vent, sa chevelure en désordre. Sous les regards farouches de son père, il n'osait manger, la sueur couvrait son front, et ce qu'il sentait approchait du désespoir. Enfin, un jour, pour en finir, il chargea un fusil de trois balles, et se rendit dans un coin du bois ; il arma le fusil, introduisit le bout du canon dans sa bouche et frappa trois fois avec violence la crosse contre terre : le coup ne partit pas.

Une fièvre violente, fruit de cette vie désordonnée, mit fin à ses tourments. Il fut, six semaines, entre la vie et la mort. Lucile le garda et les soins de cette bien-aimée sœur le sauvèrent. Sa mère vint un jour s'asseoir au bord de son lit ; elle lui dit qu'il était temps de prendre un parti, que son frère aîné pouvait lui obtenir un bénéfice, mais qu'avant d'entrer au séminaire, il fallait bien se consulter. Chateaubriand avait trop le sentiment de l'honneur pour accepter une pareille proposition. Il s'avisa d'une chose toute nouvelle ; il déclara qu'il irait au Canada défricher des forêts ou aux Indes chercher du service. Ce projet aventureux ne choqua pas trop son père : il se décida à faire passer son fils aux Indes. On l'envoya à Saint-Malo, où l'on équipait, en ce moment, un vaisseau. Six mois s'écoulèrent ; le vaisseau ne mit pas à la voile. Sans compagnon, et sans but dans la vie, il marchait des heures entières, le

long des vagues, sur les grèves, où il avait bâti
tant de châteaux de sable. Une lettre de sa mère
le rappelle à Combourg ; il arrive. Son père ne
prononce pas un mot ; il l'envoie chercher le lendemain matin : « Monsieur le chevalier, lui dit-il,
« j'ai décidé de votre sort ; il faut renoncer à vos fo-
« lies. Votre frère a obtenu pour vous un brevet de
« lieutenant du régiment de Navarre-Infanterie ;
« vous allez partir à l'instant pour Rennes, et de
« là pour Cambrai, où votre régiment est main-
« tenant en garnison ; voilà cent louis, ménagez-
« les : je suis vieux et malade ; je n'ai pas long-
« temps à vivre. Conduisez-vous en homme de
« bien, ne déshonorez ni votre nom, ni votre mé-
« moire. » — « Et il me remit sa vieille épée. »

Le vieux gentilhomme était déjà atteint d'une
paralysie qui l'emporta quatre mois après.

Il n'y avait pas quinze jours que son fils était au
régiment qu'on le traitait comme un ancien. Il
apprit facilement le maniement des armes et la
théorie. Une lettre de son frère aîné l'appelait à
Paris. Il s'agissait d'une présentation à la Cour.
Le jeune cadet du régiment de Navarre vit pour la
dernière fois les pompes de Versailles et salua la
vieille société française, qui agonisait. Il chassa
même avec Louis XVI, et fit parler de lui une
soirée, grâce aux incartades du cheval qu'il
montait. Solitaire à Paris, il ne se laissa pas prendre aux filets du monde du xviiie siècle. Il était
comme Chactas à l'Opéra ; et nous retrouvons

dans les *Natchez* ses premières impressions d'un séjour dans la ville qu'on appelait la capitale du monde civilisé. A demi sauvage, il aimait mieux la campagne et passait six mois à Fougères chez ses sœurs, tout en paraissant à son régiment. Enfin Lucile et Julie, Mme de Farcy, le déterminèrent à prendre avec elles un appartement à Paris, au haut du faubourg Saint-Denis.

Un littérateur inconnu l'introduisit dans le monde des gens de lettres ; un écrivain oublié, Flins, lui fit connaître Fontanes, qui devint son ami et à qui il doit ce que le génie ne donne pas, la sévérité et la sincérité affectueuses de la critique.

Dans le cours des deux années qui s'écoulèrent, depuis son établissement à Paris jusqu'à l'ouverture des Etats généraux, c'est-à-dire pendant ses 19e et 20e années, Chateaubriand, excessif en tout, essaya d'embrasser l'extrême civilisation avec l'ardeur qu'il mettait dans ses entraînements. Il connut Parny, Chamfort, Ginguené, Lebrun. Il eut un instant, pour cette société-là, de l'attrait, au début de la vie ; il en est tout à fait revenu et de très bonne heure.

Il faut mettre à part Fontanes ; quoique leurs relations aient pris naissance en 89, ce ne fut qu'en Angleterre, que Chateaubriand et lui se lièrent d'une amitié accrue par la mauvaise fortune

Tout ce monde brillant glissa sur l'âme forte du jeune Breton. Il discernait : « que le suprême bon ton était d'être Américain à la ville, Anglais à la cour, Prussien à l'armée, d'être tout excepté Français. »

Ce fut Malesherbes qui lui laissa la plus durable impression. Cependant en 1790, qui l'eût dit ? Chateaubriand débutait dans l'*Almanach des Muses*, mais surtout il lisait abondamment, y compris les historiens anciens. Pendant qu'il étendait son esprit, la Révolution marchait ; elle l'eût peut-être entraîné, mais la première tête portée au bout d'une pique le fit reculer. Une idée hantait son cerveau, l'idée de passer aux Etats-Unis ; son régiment de Navarre n'existait plus, la littérature traversait de mauvais jours ; aucun attachement ne pouvait alors arrêter ce jeune homme de 20 ans, obsédé par son imagination puissante ; il se proposait de découvrir le passage au nord-ouest de l'Amérique. Malesherbes lui montait la tête sur ce voyage. « Si j'étais plus jeune, lui disait-il, je partirais avec vous. »

Chateaubriand s'embarquait à Saint-Malo, quelques jours après la mort de Mirabeau. Il vit Saint-Pierre, Miquelon, les Etats-Unis, salua Washington à Philadelphie, connut l'Ouest encore inexploré, les coureurs des bois, la région des lacs, les vastes prairies du centre, visita enfin la Louisiane et la Floride. En entrant dans ces immenses forêts, qui n'avaient jamais été abattues, il était pris d'une sorte d'ivresse d'indépendance,

« se livrant à des actes de volonté qui faisaient enrager son guide ».

Que fût-ce, lorsqu'il vit de vrais sauvages, barbouillés comme des sorciers, le corps demi-nu, les oreilles découpées, des plumes de corbeau sur la tête, des anneaux passés dans les narines ! C'est dans ces nuits d'Amérique, quand les rayons « gris-perle de la lune descendaient sur la cime indéterminée des bois », que la muse d'Atala et de Céluta apparut à Chateaubriand. « Je recueillis quelques-uns de leurs accents ; je les marquai sur mon livre à la clarté des étoiles, comme un musicien vulgaire écrirait les notes que lui dicterait quelque grand maître des cérémonies. »

Toute cette nature éclatante, radieuse, opulente, saturée de lumière, grava des images dans le cerveau de cet enfant de Combourg, si approprié pour les recevoir. Les solitudes américaines, embaumées du parfum des magnolias, des baumiers, des liquidambars, vinrent remplacer les horizons bas et humides des bois de Bretagne, de même que les Floridiennes, qui agrafaient à leur épaule, en guise d'émeraude, une jolie perruche, prenaient dans l'imagination de René la place que la Sylphide y avait occupée.

Le voyageur ne recueillait aucune lumière sur le but principal de son entreprise, mais il était escorté d'un monde de poésie inoubliable, et sa muse revenait chargée de butin. Ce voyage en Amérique apportait un élément nouveau au génie de René.

Il avait repassé les montagnes Bleues et se rapprochait des habitations européennes, lorsqu'en demandant l'hospitalité dans un moulin et en attendant le souper, un journal anglais tomba entre ses mains ; il aperçut écrits en grosses lettres : *Flight of the King*, Fuite du Roi. C'était le récit de l'évasion de Louis XVI et de l'arrestation de l'infortuné monarque à Varennes. Une conversion subite s'opéra dans l'esprit de Chateaubriand. Le 10 décembre 1791, il s'embarquait pour la France. Le capitaine lui donnait son voyage à crédit ; sa vie était changée et il rapportait deux sauvages d'une espèce inconnue, Chactas et Atala.

Il retrouve Lucile et sa mère à Saint-Malo ; il s'agissait de procurer à René de l'argent pour rejoindre les Princes émigrés. Son voyage avait fait brèche à sa fortune ; sa part de cadet dans le partage des propriétés était presque nulle, par suite de la suppression des droits féodaux. Ce concours de circonstances décida de l'acte le plus grave de sa vie ; on le maria, afin de lui procurer les moyens d'aller se faire tuer au soutien d'une cause qu'au fond il n'aimait pas.

Lucile était l'amie de Mlle de Lavigne ; on estimait sa fortune à cinq ou six cent mille francs. Ce n'est pas dans ce livre que nous devons parler de cette spirituelle personne qui s'appela Mme de Chateaubriand. Elle a, pendant longues années, tenu peu de place dans l'existence de son mari, et quand le foyer fut définitivement rétabli, elle partagea avec Mme Récamier la tâche difficile de dérider le front de l'homme illustre qui remorquait avec peine son ennui avec ses jours et qui vieillissait en bâillant sa vie.

A peine marié (avril 1792), il partait pour Paris avec sa femme et ses sœurs Lucile et Julie. La populace n'était plus seulement tumultueuse, curieuse, empressée, elle était menaçante ; on ne rencontrait dans les rues que des figures effrayées ou farouches. La variété des costumes avait cessé ; le vieux monde s'effaçait devant un nouveau.

Chateaubriand devait-il rester ? devait-il partir ? Ses scrupules cessèrent, après avoir pris l'opnion de M. de Malesherbes. Le 15 juillet, les deux frères, Jean-Baptiste et René, quittaient P..ris et arrivaient à Bruxelles à grand'peine. Le cadet avait repris son habit de sous-lieutenant d'infanterie. Invité à dîner chez le baron de Breteuil, il y rencontrait Rivarol ; mais cette émigration fate et insolente était odieuse au nouvel arrivé ; il avait hâte de voir des émigrés à six cents francs de rente, comme lui. Son frère resta à Bruxelles, auprès du baron de Montboissier dont il devint l'aide de camp. René partit pour Coblentz, portant dans son havresac le manuscrit de son *Voyage en Amérique* et *Atala*. Le poids de son trésor, mêlé à celui de ses chemises, de sa capote, de son bidon de fer-blanc, et d'un petit Homère, lui faisait cracher le sang.

Il fit partie de la marche sur Thionville. Passer en armes la frontière de son pays lui produisit un effet qu'il ne put rendre. « J'eus comme une espèce de révélation de l'avenir, d'autant que je ne partageais aucune des illusions de mes camarades, ni relativement à la cause qu'ils soutenaient, ni pour le triomphe dont ils se berçaient. »

Au siège de Thionville, un obus crevé à six pouces de terre lui envoya un éclat à la cuisse droite. Il entoura sa cuisse avec un mouchoir. La veille, dans un mouvement de conversion, deux balles avaient frappé son havresac. Heureusement qu'Atala, en fille dévouée, s'était placée entre son père et le plomb ennemi. Il fallut battre en retraite. Une épidémie de petite vérole éclata dans l'armée ; Chateaubriand en fut atteint. La fièvre le minait ; il ne se soutenait qu'avec peine sur sa cuisse enflée. Après 24 heures de vomissements, une ébullition lui couvrit le corps et le visage ; une petite vérole confluente se déclara : et cependant il continuait à cheminer dans les Ardennes.

Enfin, un soir, il s'étendit sur le dos à terre, dans un fossé, la tête soutenue par le sac d'Atala, une béquille à ses côtés, les yeux attachés sur le soleil, dont les regards s'éteignaient avec les siens. Il s'évanouit. Les fourgons du prince de Ligne vinrent à passer : par un instinct de pitié, les conducteurs le jetèrent sur un chariot. Le pauvre malade mit pied à terre, arrivé à Namur ; il marchait, s'appuyant contre les maisons. Les femmes de Namur furent prises de compassion. Elles se relayaient de porte en porte et le conduisirent ainsi jusqu'en dehors de la ville où il retrouva les fourgons. Elles aidèrent Chateaubriand à y monter et le forcèrent d'accepter une couverture de laine. Les gens du prince de Ligne le déposèrent à l'entrée de Bruxelles. On le chassait de tous les cafés, tant il était misérable ! Ses cheveux pendaient sur son visage masqué par sa barbe et ses moustaches. Il avait la cuisse entourée d'un torchis de foin ; par-dessus son uniforme en loques, il portait la couverture de laine des Namuriennes, nouée à son cou, en guise de manteau. « Le mendiant de l'Odyssée, dit-il, était plus insolent, mais n'était pas plus pauvre que moi. » — Dans cet accoutrement, il rencontra son frère, le comte de Chateaubriand, qui fut effrayé de son spectre. Il le fit soigner. Ces premiers secours obtenus, René voulut partir pour Ostende. Le monde de Bruxelles, « ces héros de la domesticité revenus de Verdun en calèche », lui étaient de plus en plus odieux.

Il s'embarqua pour Jersey, où s'était réfugié son oncle M. de Bédée, et il demeura quatre mois, entre la vie et le trépas. Trente louis qu'un bateau fraudeur lui apporta de Saint-Malo, lui permirent de passer en Angleterre. Condamné par les méde-

cins, il composa à Londres, son premier ouvrage,
l'*Essai historique sur les révolutions*, sous le coup
d'un arrêt de mort. Il travaillait le jour à des tra-
ductions pour gagner son pain et la nuit à l'*Essai*,
dans lequel il faisait entrer une partie de ses
voyages et de ses rêveries. Il employait ses derniers schellings à l'achat de bouquins étalés sur
les échoppes.

Un ancien conseiller au Parlement de Bretagne,
M. Hingant, était lié avec lui. Ils se réunissaient
pour dîner. Les ressources s'épuisèrent, les traduc-
tions ne venaient plus. Les deux amis ne possé-
daient plus que soixante francs ; ils diminuèrent la
ration des vivres, « comme sur un vaisseau, quand
la traversée se prolonge ». Cette diète, jointe au travail, échauffait la poitrine malade de Chateaubriand ; il commençait à avoir de la peine à
marcher, la cervelle d'Hingant se troublait. Arrivés à leur dernier schelling, ils convinrent de le
garder, pour faire semblant de déjeuner, d'acheter un pain de deux sous, et de boire l'eau chaude
avec quelques petites miettes restées au fond du
sucrier. Cinq jours s'écoulèrent de la sorte. « La
faim me dévorait, j'étais brûlant ; le sommeil m'a-
vait fui ; je suçais des morceaux de linge que je
trempais dans l'eau, je mâchais de l'herbe et du
papier ; quand je passais devant des boutiques de
boulanger, mon tourment était horrible. Par une
rude soirée d'hiver, je restai deux heures, planté
devant un magasin de fruits secs et de viandes

fumées, avalant des yeux tout ce que je voyais ; j'aurais mangé non seulement les comestibles, mais leurs boîtes, paniers et corbeilles. »

La raison d'Hingant était égarée ; il s'était donné un coup de lame, profond de deux pouces, dans le bout du sein gauche. La blessure était dangereuse, ses parents prévenus accoururent et l'emmenèrent à la campagne. Dans ce moment même, l'oncle de Bédée fit parvenir à Chateaubriand 40 écus. « Il me sembla voir tout l'or du Pérou » — Privé de la compagnie d'Hingant, il prit une chambre plus modeste dont la lucarne donnait sur un cimetière, aux environs de Mary-le-Bone-Street. Il n'avait point de draps ; quand il faisait froid, son habit et une chaise, ajoutés à sa couverture, lui tenaient chaud. « La vie sans les maux qui la rendent grave est un hochet d'enfant. »

Chateaubriand connaissait la faim et le froid, pendant que les feuilles publiques annonçaient que sa famille était décimée par la hache révolutionnaire et que sa mère et ses sœurs étaient emprisonnées. La courte idylle de Bungay avec Charlotte, terminée brusquement par ces mots : « je suis marié », ne fit qu'ajouter à ses tristesses. Revenu à Londres, il se remit au travail et à ses promenades, plus solitaires que jamais. L'image de Miss Yves l'accompagnait. A la distance de trente milles de Londres, il n'y a pas une bruyère, un chemin, une église qu'il n'ait visités

Il achevait l'*Essai historique sur les révolutions*,

imprimé chez Baylie. Le livre parut chez Deboffe
en 1797.

Le hasard des tempêtes révolutionnaires conduisait à Londres, presque au lendemain de la
publication du premier ouvrage de Chateaubriand,
le critique affectueux à qui il dut les excellents
conseils qui l'empêchèrent de tomber dans l'ex-
travagance de l'invention. M. de Fontanes, pros-
crit au 18 Fructidor, se logea près de Chateaubriand ; leurs relations, à peine ébauchées en 89,
devinrent intimes. Ils ne se quittaient plus, ils
dînaient dans quelque taverne solitaire à Chelsea,
sur la Tamise, en parlant de Milton et de Shakespeare, ou bien Chateaubriand lisait quelques pages
inédites des *Natchez*. « Travaillez, lui disait Fon-
« tanes, devenez illustre ; vous le pouvez ; l'avenir
« est à vous, et que nos muses soient toujours
« amies ! » Mais il laissa bientôt René seul et fut
rappelé en France.

Chateaubriand était retombé dans son pessimisme mélancolique, quand une lettre de sa sœur,
la comtesse de Farcy, du 1er juillet 1798, lui apprit
la mort de leur mère. « Si tu savais, écrivait Julie,
combien de pleurs tes erreurs ont fait répandre à
notre respectable mère, combien elles paraissent déplorables à tout ce qui pense et fait
profession non seulement de piété, mais de
raison, si tu le savais, peut-être cela contri-
buerait-il à t'ouvrir les yeux et à te faire renoncer
à écrire. »

Quand celte lettre parvint à Chateaubriand, cette sœur elle-même n'existait plus ; elle était morte des suites de son emprisonnement. Ces deux morts, et aussi le progrès naturel de ses idées, le ramenèrent à des sentiments religieux. « J'ai pleuré et j'ai cru », a-t-il dit. Il commença dès lors à préparer le *Génie du Christianisme*. Une espèce de fièvre le dévora pendant sa composition. Il portait à la fois dans son cerveau, dans son âme, *Atala* et *René*, et il mêlait à l'enfantement douloureux de ces brûlants jumeaux le travail de conception des autres parties du *Génie du Christianisme*. Son opiniâtreté au travail explique la fécondité de son esprit. Il écrivait douze à quinze heures sans quitter la table où il était assis, raturant et recomposant dix fois la même page. L'âge ne devait rien lui faire perdre de cette faculté d'application.

Cependant il commençait à tourner les yeux vers la France. Une nouvelle révolution s'y était opérée. Bonaparte était devenu premier consul. Fontanes appelait son ami à Paris pour achever la publication du *Génie du Christianisme*. Le ministre de Prusse lui procura un passeport sous le nom de Lassagne, habitant de Neufchâtel. Il emportait les feuilles composées de son grand ouvrage. Puis, il détacha des *Natchez* les esquisses d'*Atala* et de *René*, et après avoir enfermé le reste du manuscrit dans une malle dont il confia le dépôt à ses hôtes de Londres, il se mit en route avec Mme d'Aguesseau. Il abordait en France le 8 mai 1800.

Le grand jour va maintenant éclairer cette vie rêveuse et cachée. La carrière des lettres s'ouvre toute large devant lui.

Prévenu de son arrivée à Paris, Fontanes le mena chez lui et le conduisit ensuite chez un ami, M. Joubert, où Chateaubriand trouva un abri provisoire. On l'adressa à un éditeur, M. Migneret, qui consentit à recommencer l'impression interrompue du *Génie du Christianisme*.

Pas une âme n'avait lu l'*Essai sur les révolutions*. Pressé de se faire connaître, Chateaubriand publia dans le *Mercure* un article sur Mme de Staël, article qui fut fort remarqué. Il se détermina alors à détacher du *Génie du Christianisme* l'épisode d'Atala et à le publier (1801). Le succès de ce petit roman fut immense. L'auteur était brusquement célèbre, son nom était dans toutes les bouches. « Je devins à la mode. La tête me tourna, j'ignorais les jouissances de la célébrité, j'en fus enivré. »

Il eut alors l'heureuse fortune d'être présenté par Joubert à la fille du comte de Montmorin, ancien ministre des affaires étrangères de Louis XVI, Mme la comtesse Pauline de Beaumont.

Le salon de cette incomparable amie, fréquenté par les esprits les plus distingués de cette époque de transition, devint le cénacle dont René fut pendant deux ans le demi-dieu.

Huit années de résidence en Angleterre, précédées d'un voyage en Amérique, une longue habitude de parler, d'écrire et même de penser en anglais, avaient nécessairement influé sur le tour et l'expression de ses idées ; quelques semaines passées auprès de Mme de Beaumont suffirent pour lui enlever toute allure d'esprit étranger.

C'est à Savigny, dans une maison louée par son amie, que Chateaubriand recommença et acheva le *Génie du Christianisme*. Là s'écoulèrent les jours les plus heureux de sa vie, Après avoir passé huit ans dans un abandon profond, trouver la paix de l'esprit et la sollicitude toujours présente d'une affection élevée, c'était presque le bonheur.

Ce fut au lendemain même du concordat que le *Génie du Christianisme* parut (1803). Bonaparte fut satisfait d'être défendu au dehors par l'opinion publique que ce livre réveillait. On avait alors une avidité de consolations religieuses, qui venait de la privation de toute parole chrétienne depuis longues années. Le monde voltairien, directement attaqué, poussa un cri et courut aux armes. Mais la réaction religieuse était dans les cœurs. Fatiguée d'anarchie, la masse reprenait le joug des règles.

Jamais ouvrage ne vint plus à son moment. Ce fut la seule heure de sa vie où Châteaubriand fut à la fois populaire et bien en cour. Le pre-

mier consul lui fit offrir la place de premier secrétaire d'ambassade à Rome. Chateaubriand refusa
d'abord : mais l'abbé Emery, supérieur du séminaire de Saint-Sulpice, vint le conjurer d'accepter, et il céda. Il se rendit à Rome et son imagination s'y agrandit encore, au spectacle des
ruines fameuses et de la mélancolie de la Campagne romaine.

Les désagréments que ses nouvelles fonctions
lui apportèrent et que son caractère exagéra,
n'étaient pas faits pour l'encourager à suivre la
carrière diplomatique ; mais il eut un devoir
d'homme d'honneur à remplir, et il le remplit à la
satisfaction de sa conscience. Ce devoir fut de
fermer les yeux à Mme de Beaumont, accourue à
Rome pour lui dire adieu. Il présida dignement
à ses obsèques, remplaçant auprès de la fille de
M. de Montmorin, sa famille et ses amis absents.
« Je t'aimerai toujours, lui dit-il sous la forme
d'une épitaphe antique ; mais toi, chez les morts,
ne bois pas, je t'en prie, à cette coupe qui te
ferait oublier tes anciens amis ! »

Il était presque déterminé à abandonner une
carrière où des douleurs personnelles étaient
venues se mêler à la médiocrité du travail qui
lui était confié et à d'infimes tracasseries politiques. Il eut le temps d'écrire à Fontanes l'admirable lettre sur la Campagne romaine. Dans
son imagination fastueuse s'étaient gravées en
traits ineffaçables, non seulement ces galeries

ornées de chefs-d'œuvre que tant d'artistes
immortels ont décorés, mais surtout cette Rome
de 1803, si belle, aux yeux d'un poète, par ses
déserts, ses rues où poussait l'herbe, ses places
et ses jardins où ne passait plus personne, ses
monastères où l'on n'entendait plus la voix des
cénobites, ses cloîtres aussi muets et aussi dépeu-
plés que les portiques du Colysée.

Tandis que Chateaubriand restait désolé sur les
ruines de Rome, et flottait entre mille partis, il reçut
la nouvelle que le premier consul l'avait nommé
ministre dans le Valais. Tout entier encore au
souvenir de Mme de Beaumont, il voulut voir
Naples et il ne se rendit à Paris que le 21 janvier
1804, afin de prendre les instructions indispen-
sables, avant de rejoindre son poste à Sion.

Il rentrait à l'Hôtel-de-France, rue de Beaune,
où il était descendu, lorsqu'il entendit un crieur
public annoncer le jugement de la commission
militaire qui condamnait à mort le duc d'Enghien.
Ce cri tomba sur lui comme la foudre. Il n'hésita
pas longtemps, et écrivit sa lettre de démission,
en donnant pour prétexte la mauvaise santé de
Mme de Chateaubriand.

C'était le fait seul de se démettre qui était l'acte
de courage. Bonaparte ne s'y trompa point. Les
amis de Chateaubriand furent effrayés de sa
résolution. Fontanes devint presque fou de peur
au premier moment : « Il me réputait fusillé avec
toutes les personnes qui m'étaient attachées

Pasquier vint m'embrasser le lendemain, disant qu'on était heureux d'avoir un ami tel que moi. »

La vie de Chateaubriand, sous la toute-puissance de Napoléon, ne fut ni troublée par la crainte, ni atteinte par la contagion du servilisme, ni entraînée par les exemples de soumission. Tout entier désormais aux lettres, à l'écart de la vie active, il eut la conception de *Cymodocée* et il vécut avec ce nouveau fantôme, en arrêtant de jour en jour dans son cerveau le plan des *Martyrs*.

Une nouvelle douleur vint le frapper en plein cœur (novembre 1804). Pendant qu'il était à Villeneuve-sur-Yonne, chez ses amis Joubert, sa sœur adorée, Lucile, Mme de Caud, mourait. Des ordres transmis de loin arrivèrent trop tard pour prévenir une inhumation dans la fosse commune. Lucile était ignorée et en dehors de son frère n'avait pas un ami : elle n'était connue que d'un vieux serviteur de Mme de Beaumont, Saint-Germain. Il suivit seul le cercueil délaissé et il mourut lui-même, avant que Chateaubriand pût revenir à Paris.

Demeuré seul dans ce monde, derrière les chers objets qui l'avaient quitté, il brûlait d'aller chercher au loin de nouveaux aliments pour son esprit et pour son cœur. Après une dernière visite à Combourg, il partit pour Trieste le 13 juillet 1806. Il lui fallait des images nouvelles pour les *Martyrs* et de nouvelles émotions pour son imagination abattue. Il vit la Grèce, l'Archipel, Cons

tantinople, Smyrne, Jérusalem, la Mer Morte,
Alexandrie, Carthage, et il revint par l'Espagne.
Il était attendu sous les arcades mauresques de
l'Alhambra et dans les jardins du Généraliffe. Il
n'a jamais, dans ses livres, écrit le nom de celle
qui lui faisait désirer la gloire, pour la déposer à
ses pieds. Mais les *Mémoires* de son ami Hyde de
Neuville nous disent la grâce, la physionomie ex-
pressive et touchante de Mlle de Laborde, alors
Mme de Noailles, et depuis, Duchesse de Mouchy;
son éclat et sa beauté avaient fait du bruit à son
entrée dans le monde; si elle n'avait plus, en 1807,
la première fraîcheur qui n'appartient qu'à l'extrême jeunesse, elle l'avait remplacée par un
charme mélancolique et pénétrant qui attire plus
que la beauté. « Nathalie de Laborde avait la distinction et tous les talents qui sont de tradition
dans cette famille; il n'y avait pas d'âme plus
noble et plus généreuse. » Son entraînement pour
Chateaubriand était très vif; elle ne parlait que
de lui ; elle avait, en l'attendant, passé deux mois
à Grenade , dessinant les monuments que les
Maures y ont laissés. Elle fit partager son enthousiasme d'artiste au voyageur qui revenait de
l'Orient. Le *Dernier des Abencérages* devait naître
de cette communion d'émotions. *Bianca* est l'image
de celle qui se faisait appeler *Dolorès*, en Anda-
lousie. Les amis de la délicate et charmante jeune
femme la retrouvaient toute frémissante dans la
description de cette danse gracieuse où Chateau-

briand a peint une descendante du Cid et de Chi-
mène.

Qui pouvait croire alors à la proximité de tant de
douleurs ! Et quels voiles de deuil allaient bientôt
couvrir ces félicités rapides comme un songe !

Il était de retour à Paris le 5 juin, plus poète
que jamais, et la tête pleine d'enfantements.

Il commença par publier à part *René*, qui avait
paru, comme épisode, dans un chapitre du *Génie
du Christianisme* : et cette publication eut un
retentissement plus grand encore qu'aucun autre
de ses ouvrages. Devenu seul propriétaire du
Mercure, il pouvait espérer un avenir calme, lorsqu'une phrase d'un article que lui avait inspiré le
Voyage en Espagne de M. de Laborde, vint réveil-
ler toutes les colères impériales. Cette phrase est
célèbre : « Lorsque, dans le silence de l'abjection,
l'on n'entend plus retentir que la chaîne de l'es-
clave et la voix du délateur, l'historien paraît
chargé de la vengeanc des peuples. C'est en vain
que Néron prospère, Tacite est déjà né dans
l'Empire. » — Napoléon, entendant cette voix qui
retentissait seule dans le silence du monde, s'écria :
« Chateaubriand croit-il que je sois un imbécile,
et que je ne le comprends pas ? Je le ferai sabrer
sur les marches des Tuileries. » Il donna l'ordre
de supprimer le *Mercure*.

C'est alors que, désirant vivre loin du monde,
durant ces années de despotisme que la gloire
ne suffisait pas à excuser, Chateaubriand acheta

en 1807, aux environs de Sceaux, la petite maison de la Vallée-aux-Loups (1). C'est dans cette retraite qu'il écrivit les *Martyrs*, l'*Itinéraire*, le *Dernier des Abencérages* , et qu'il commença ses *Mémoires d'outre-tombe*.

Au printemps de 1809 parurent les *Martyrs*, le plus soigné, le plus étudié de ses ouvrages, celui qui souleva à la fois le plus d'admirations et de critiques. Il eut le tort de prendre pour exemple Montesquieu, dans sa défense de l'*Esprit des lois*, et de répondre à la censure et aux objections. Quelques amis le consolèrent de ces violentes attaques ; Fontanes surtout, dans les meilleures stances qu'il ait écrites, n'hésita pas à compromettre l'autorité de son jugement et à prédire que tôt ou tard les lettrés porteraient sur les *Martyrs* un autre arrêt.

C'est le temps où le talent de Chateaubriand est à son apogée. L'année 1811 est la plus brillante de sa carrière littéraire. Il publie l'*Itinéraire de Paris à Jérusalem*, et remplace Marie-Joseph Chénier à l'Académie française. Le succès de l'*Itinéraire* fut aussi complet que celui des *Martyrs* avait été disputé ; quant à sa candidature à l'Institut, elle fut bien accueillie, et il passa au scrutin à une assez forte majorité. Son discours de réception une fois prêt, il fut appelé à le lire devant la commission nommée pour l'entendre. Il ne fut pas

—

(1) Cette maison, embellie, augmentée, appartient aujourd'hui à M. le duc de La Rochefoucauld-Doudeauville.

agréé par cette commission, à l'exception de deux
ou trois membres. M. Daru porta le discours à
Saint-Cloud. « Bonaparte déclara que s'il eût été
prononcé, il aurait fait fermer les portes de l'Institut et m'aurait jeté dans un cul de basse fosse
pour le reste de ma vie. »

Tout ne fut pas fini, quand on lui eut rendu
son discours ; on voulut le contraindre à en faire
un second. Il répondit qu'il s'en tenait au premier et qu'il n'en ferait pas d'autre. La commission déclara alors qu'il ne serait pas reçu. Il n'y
avait plus que deux années à attendre pour voir
la fin de l'empire.

La vraie carrière littéraire de Chateaubriand
s'achève en 1814. Il ne restait d'inédit de son
ancien bagage que les *Natchez*, son premier livre,
œuvre de jeunesse, bien séduisant dans les parties qui ne sont pas écrites dans le faux style de
l'épopée. Le manuscrit fut retrouvé en Angleterre
par les soins et les obligeantes recherches de
M. de Thuisy, et les *Natchez* parurent en 1826,
, dans la première édition des œuvres complètes de
Chateaubriand, avec le *Voyage en Amérique* et le
Dernier des Abencérages.

Il entre dans la vie politique avec les Bourbons ;
et il débute par une brochure enflammée et vengeresse qui, de l'aveu de Louis XVIII, profita plus
à la monarchie qu'une armée de 100,000 hommes.
Cette brochure portait ce titre : *De Buonaparte et des
Bourbons*. L'Empereur la parcourut à Fontaine-

bleau. Il la discuta en disant : « Je n'ai point de reproches à faire à Chateaubriand ; il m'a résisté, dans ma puissance. » Une ardeur d'homme de parti et d'imagination outrait ses paroles et aussi ses espérances d'un facile triomphe, pour la Restauration appuyée sur la charte. — Un nouvel écrit, *Réflexions politiques*, en réponse à une lettre de Carnot au roi, n'eut pas moins de succès. Mais plus Chateaubriand faisait parler de lui, moins il plaisait à Louis XVIII : « Gardez-vous, disait-il à ses familiers, d'admettre jamais un poète dans vos affaires, il perdra tout. Ces gens-là ne sont bons à rien. » — Il fallut toute l'amitié et toute l'insistance de la duchesse de Duras pour qu'on donnât à Chateaubriand l'ambassade de Suède.

Il n'eut pas le temps de se rendre à son poste. Le retour de l'île d'Elbe l'en empêcha. Un ordre de Louis XVIII l'appelait à Gand.

L'abbé de Montesquiou étant à Londres, Chateaubriand fut, dans la petite cour, ministre de l'intérieur par intérim. Sa correspondance avec les départements ne lui donnait pas grande besogne et son budget ne l'enrichissait guère. Il se dérobait à Gand, le plus qu'il pouvait, à des intrigues, antipathiques à son caractère, et misérables à ses yeux. Les détresses et les joies de sa première émigration revivaient dans sa pensée. « Personne ne se crée, comme moi, une société réelle en invoquant des ombres ; c'est au point que la vie de mes souvenirs absorbe le sentiment de ma vie réelle. » Il revint de Gand avec la monarchie qui recommençait, mais mécontent, désapprouvant le choix des ministres et violemment hostile à l'influence de Fouché.

Une ordonnance l'appela à la Chambre des Pairs.

Tantôt dans les rangs de l'opposition, tantôt ministériel, il produit un nombre considérable de brochures politiques. Il poursuivit d'une haine féroce M. Decazes. « Les pieds lui glissèrent dans le sang », a-t-il dit, après l'assassinat du duc de Berry. Très aristocrate d'instinct, et, sauf sur la question de la Presse, défavorable aux idées libérales, on peut étudier ses doctrines dans son meilleur ouvrage politique, la *Monarchie selon la Charte*, une sorte de catéchisme constitutionnel. L'indépendance des jugements mécontenta Louis XVIII. Le livre fut saisi ; Chateaubriand fut rayé de la liste des ministres d'Etat et privé de la pension attachée à cette place. Il fut obligé de vendre sa bibliothèque et de mettre en loterie sa maison de campagne ; on ne prit que quatre billets ; et la *Vallée-aux-Loups* fut vendue aux enchères. La mise à prix de 50,000 francs fut couverte par le vicomte de Montmorency.

Ces incidents n'étaient pas faits pour le ramener au giron ministériel.

Pour combattre la *Minerve*, il fonde le *Conservateur*, avec MM. de Bonald et Lamennais, sous le patronage de MM. de Villèle et Corbière. La polémique avec les libéraux dura de 1818 jusqu'en

1820, c'est-à-dire jusqu'au rétablissement de la censure. Nommé ambassadeur en Prusse, après la chute de M. Decazes, il reprit ses goûts d'artiste et de voyageur ; une amitié royale et gracieuse sembla animer pour lui le séjour de Berlin. La Princesse Frédérique, duchesse de Cumberland, future Reine de Hanovre, avait pour ses ouvrages une admiration très vive. Chateaubriand se voyait mille ans en arrière, emporté comme Eginhard, sur les épaules de la fille de Charlemagne, afin qu'il ne laissât sur la neige aucune trace de ses pas ; sa patience au travail étant extrême, il s'était remis, dans ses moments de loisir, à la rédaction de ses *Mémoires d'outre-tombe*, lorsque M. de Villèle rompit avec le duc de Richelieu. Fidèle à son amitié et à ses principes politiques, Chateaubriand donna sa démission d'ambassadeur ; mais la droite royaliste étant revenue bientôt aux affaires, avec M. de Villèle aux finances et M. de Corbière à l'intérieur, Chateaubriand accepta avec joie l'ambassade de Londres.

Cette nomination réveilla ses souvenirs de jeunesse et ses rêves ; et puis son amour des contrastes dans son âme de poète lui faisait un plaisir de reparaître célèbre et puissant, là où il avait vécu ignoré et faible. Il se promenait dans le Parc de Kensington, avec l'orgueil du présent et les fantômes du passé. « La vie qui se consume mêle, comme l'incendie de Corinthe, l'airain fondu des statues des Muses et de l'Amour, des trépieds et des tombeaux. »

Son ambition n'était pas encore satisfaite ; il rêvait de représenter la France au Congrès de Vérone ; il ne trouva pas d'abord chez le ministre des affaires étrangères, le vicomte de Montmorency, un accueil favorable ; mais il fit presser M. de Villèle par la duchesse de Duras, celle qui permettait à René de l'appeler sa sœur, et il l'emporta.

Son envoi au Congrès ne faisait que préparer son entrée au ministère. Il y prépara la guerre d'Espagne, « ma guerre, le grand événement poli-« tique de ma vie », comme il aime à le répéter. Son amour-propre satisfait par la fortune, ainsi que ses anciennes doctrines du *Conservateur*, s'était fort adouci. La rupture entre M. de Villèle et lui n'était pas moins imminente. On l'a dit avec justesse : Lorsqu'aux antipathies naturelles de l'esprit pratique, contre la spéculation un peu romanesque, viennent se joindre des piqûres d'amour-propre et des sollicitudes d'ambition froissée, l'incompatibilité d'humeur doit éclater. Chateaubriand ne le comprit pas assez tôt.

Le 6 juin 1824, il était brutalement destitué, « congédié comme un domestique ». Il reprit les armes et passa à une violente opposition ; il devint le collaborateur de son ami Bertin, au *Journal des Débats*. Sa plume acérée fit des blessures inguérissables. « J'étais arrivé à l'âge où les

3*

« hommes ont besoin de repos ; mais si j'avais
« jugé de mes années par la haine toujours crois-
« sante que m'inspiraient l'oppression et la bas-
« sesse, j'aurais pu me croire rajeuni. » -- Il lui
fallut plusieurs années pour abattre M. de Villèle ;
mais enfin M. de Villèle tomba. Ce fut l'heure de
la plus grande popularité politique de Chateaubriand ; il combattait à la tête du parti libéral.

Le ministère Martignac lui donna l'ambassade
de Rome Il se sentit saisi du désir de fixer ses
jours, de l'envie de disparaître (même par calcul
de renommée) dans la ville des funérailles; il allait
y chercher son autre lui-même ; car il y avait dans
sa personne deux êtres distincts et qui n'avaient à
certaines heures aucune communication l'un avec
l'autre.

Sa vie commence alors à se remplir d'une image
qui effaça toutes les autres. Nous voulons parler de
Mme Récamier. L'empire que cette aimable femme
exerça toute sa vie sur elle-même explique celui
qu'elle exerça sur Chateaubriand vieilli ; c'est à
elle qu'il écrit d'Italie les plus charmants billets,
plus souvent qu'il n'envoie de dépêches au ministre des affaires étrangères. Malgré ses plaisirs
de contemplation, bien qu'il dirigeât aussi des
fouilles, et qu'il élevât un monument au Poussin,
l'ennui le ressaisissait par moments. Il était
venu en France, en congé, pour voir Mme Récamier, lorsque M. de Polignac fut appelé au ministère. Après une entrevue avec lui, Chateaubriand

donna sa démission d'ambassadeur. Un exil éternel sur les ruines de Rome avait été sa dernière chimère ; il lui dit adieu.

Les journées de juillet le rendirent à la vie privée ; il avait prévu la révolution et il en fut acclamé. La jeunesse des écoles le porta en triomphe dans la cour d'honneur du Luxembourg. Sincèrement attaché à la légitimité, sinon aux hommes de la branche aînée, il mit une coquetterie de gentilhomme à se montrer plus fidèle dans le malheur que dans la fortune. Redevenu pauvre, il acheva ses *Mémoires d'outre-tombe*, publia, en dehors de brochures de circonstances, ses *Etudes historiques*, son *Essai sur la littérature anglaise*, sa traduction du *Paradis Perdu*, et l'un de ses meilleurs ouvrages, le *Congrès de Vérone*, et aussi son plus mauvais, la *Vie de Rancé*.

Très hostile au gouvernement de Juillet, il payait sa dette à la branche aînée des Bourbons, en se faisant traduire en police correctionnelle pour sa célèbre phrase : *Madame, votre fils est mon roi.* Plus populaire que jamais dans le parti royaliste, obligé de faire face à des dettes d'honneur, il avait une charge plus lourde encore, celle de sauver l'*infirmerie de Marie-Thérèse*, fondée par les soins de Mme de Chateaubriand. Il se résigna donc par nécessité à travailler pour vivre, ne trouvant plus que rarement l'inspiration pour couronner ses efforts.

Il avait surtout à arranger son attitude de grand homme, encensé, mélancolique et dédai-

gneux. C'était la tâche que s'était réservée Mme Récamier, tâche difficile que celle d'adoucir et d'ap-
privoiser ce lion ennuyé, dégoûté de l'univers
et de lui-même. Il ne la quittait que pour aller en
Bohême ou en Italie, chargé d'une mission auprès
de la Dauphine ou du vieux roi Charles X ; il se
hâtait de revenir occuper sa place préparée, dans
le petit salon de l'Abbaye-aux-Bois. Il n'avait en
effet aucune des qualités de chef de parti. « Il
semblait plutôt un *Dilettante* des monarchies en
ruine, prédisant, pour se consoler, la chute de
toutes les autres. » Il se préoccupait plus, en
allant rendre visite à la duchesse de Berry, de
retrouver dans la ville des Doges la prison de
Silvio Pellico et les traces de Jean-Jacques Rousseau et de Byron, que d'arrêter les moyens de
rétablir la cause perdue de la légitimité. Il rêvait
à Venise du souper de Candide.

Il ne se rattachait désormais à la vie que par les
personnes qu'il rencontrait chez son amie et dont
elle s'ingéniait à varier les hommages. Ce fut un
des événements littéraires de la monarchie de
Juillet que la lecture des fragments des *Mémoires
d'outre-tombe*. Tout était préparé pour émouvoir les
auditeurs privilégiés, dans ce salon étroit, dont
le grand tableau de *Corinne au cap Misène* occupait
et éclairait toute la paroi du fond. Chateaubriand
ne lisait pas lui-même ; il eût craint peut-être en
certains moments les éclats de son cœur et l'émotion de sa voix.

« Mais si l'on perdait quelque accent de mystère,
« à ne pas l'entendre, on le voyait davantage, on
« suivait sur ses vastes traits les reflets de la
« lecture, comme l'ombre voyageuse des nuages
« aux cimes d'une forêt. »

Il n'y avait que la bonté ingénieuse d'une amie
qui avait représenté la beauté souveraine, pour
composer ainsi ces soirées recherchées, dans
cette sorte de retraite dont la porte était entr'ouverte sur le monde et dont les fenêtres donnaient
sur un jardin clos et sur les espaliers en fleurs
d'une abbaye.

Rien donc de calme et de monotone comme le
poème de ses dernières années : un fauteuil au
coin de la cheminée de Mme Récamier, la solitude
fleurie de son jardin et deux voyages à Prague et à
Venise, voilà tout. Etranger aux générations nouvelles, il regardait passer à ses pieds sa dernière
heure. « N'ayant plus d'avenir, écrivait-il, je n'ai
plus de songes. Je dois demander pardon à mes
amis de l'amertume de mes pensées ; je ne sais
que rire des lèvres ; je n'étais pas à une nagée du
sein de ma mère que les tourments m'avaient
accablé. »

Pour consoler la tristesse de ses derniers jours,
il aurait pu se rappeler les paroles qu'il pronon-
çait à Ferrare, en visitant la prison du Tasse :
« On abandonne l'homme qui a ri, pour l'homme
qui a pleuré. Pendant la vie, le bonheur peut
avoir son mérite ; après la mort, il perd son prix ;

aux yeux de l'avenir, il n'y a de beau que les existences malheureuses. »

La vieillesse, pas plus que la maladie, n'avait pu mordre sur ce génie robuste, il a travaillé jusqu'à son dernier jour, il a dicté jusqu'à sa dernière heure. Mme de Chateaubriand lui fraya la route et partit la première ; il s'éteignit à son tour à 80 ans, le 4 juillet 1848, après avoir vu la chute du gouvernement de Juillet et l'avènement de la république qu'il avait prédite, tout en ne l'aimant pas. Mme Récamier était auprès de lui ; il ne pouvait plus lui parler et elle ne pouvait le voir, car elle était devenue presque entièrement aveugle. L'abbé Deguerry lui ferma les yeux et joignit ses mains autour du crucifix

Chateaubriand n'avait jamais désiré se survivre ; un cri pourtant lui échappa, un jour, dans ses Mémoires ; et ce cri, le voici : « une fille pourtant, « et qui s'appellerait Eléonore ! » Sa générosité qui avait été extrême, à l'époque heureuse de sa vie, s'était accrue dans sa vieillesse, malgré la gêne. « J'ai l'air un peu rude, disait-il à son ami M. Frisell ; je tiens cela de mon père. Il faut que je donne et que je soulage comme ma mère. » Et un jour, comme il remettait à de pauvres gens, ruinés en 1830, un billet considérable de son libraire et que son ancien secrétaire d'ambassade, M. de Givré, lui faisait quelques objections de prudence : « Ah ! laissez, mon cher ami, répon-

dit-il, c'est la plus facile manière d'être chrétien;
l'aumône est plus aisée que la pénitence. »

Il s'était fait concéder par sa ville natale, dans
l'îlot du Grand-Bé, en rade de Saint-Malo, un
quartier de rocher pour son tombeau : une croix
et son nom gravés sur le granit, en face de la mer
qu'il avait passionnément aimée, avec les caresses
de ses flots, dans les jours d'orage, et avec l'étendue
illimitée de l'horizon ! — C'est la sépulture qu'il
avait rêvée ; elle n'était pas sans faste ; elle était du
moins en harmonie avec cette vie tourmentée et
inquiète, et avec ce génie dont le caractère est la
grandeur, la tristesse et la soif inassouvie de
l'idéal et du désir.

Il n'y a pas d'existence humaine qui ait été, du
commencement à la fin, plus disposée et mieux
arrangée pour la dignité et pour l'effet ; il n'y en
a pas qui fut moins faite pour le bonheur. L'ennui
était la maladie de Chateaubriand ; il vécut avec
lui et il en mourut.

CHAPITRE IV.

IDÉES GÉNÉRALES DE CHATEAUBRIAND.

Quelles sont en littérature les idées générales de Chateaubriand ?

Nous laissons à part ses conceptions politiques, que la postérité néglige comme nous ; l'homme public n'entre, dans le cadre de cette étude, que pour la forme seule de son œuvre de publiciste et de polémiste.

Ses idées littéraires furent l'expression de son caractère. Chateaubriand est, avant tout, un grand poète, et ses sentiments sont autrement profonds que ses idées. Il s'était élevé en dehors de l'esprit du XVIIIe siècle ; Breton, ayant en lui du sang de corsaire, enfant délaissé et peu aimé, hormis par une petite fille, aussi malheureuse et plus étrange que lui ; abandonné à lui-même, aussi bien quand il se battait à coup de galets avec les mousses, au bord de la mer, que lorsqu'il rêvait au fond des bois ; éloigné du monde, avec un tempérament vigoureux et ardent, d'une exaltation précoce, avec une timidité sauvage, coutraint et froissé de bonne heure, tout avait contribué à développer en lui, dès ses jeunes années, sa sensibilité jusqu'au délire. Fier et susceptible, ayant au plus haut degré, même pendant la jeunesse, le respect de sa dignité ; prodigue et n'ayant presque jamais d'argent ; dévoré du besoin d'action et concentré sur lui-même, il ne ressemblait à personne, dans un temps où l'esprit de sociabilité, poussé à l'excès, donnait de l'uniformité aux caractères.

Quand on voulut faire pénétrer Chateaubriand, à vingt ans, dans le milieu de la cour et dans la société des philosophes, il recula ; comme dit René : « J'avais voulu me jeter dans un monde qui ne me disait rien et qui ne m'entendait pas ; ce n'était ni un langage élevé, ni un sentiment profond qu'on demandait de moi ; traité partout d'esprit romanesque, honteux du rôle que je jouais, dégoûté de plus en plus des choses et des hommes, je pris le parti de me retirer dans un faubourg pour y vivre totalement ignoré. Je trouvai du plaisir dans cette vie obscure et indépendante ; inconnu, je me mêlais à la foule, vaste désert d'hommes. »

Il raconte dans ses Mémoires que, durant ses années de misère à Londres, il rencontrait, chez Mme O'Larry, une jeune et belle Irlandaise, Mary Neale ; elle trouvait au fond du regard de Chateaubriand quelque blessure et elle lui disait : « *You carry your heart in a sling.* vous portez votre cœur en écharpe. » Il l'a, en effet, toujours porté ainsi.

Sans doute, avant lui, un autre génie, Jean-

Jacques Rousseau, dans cette société du XVIIIe
siècle, où la vie devenait purement extérieure,
était aussi rentré en lui-même pour écouter la voix
de l'âme ; sans doute il avait été en antagonisme
avec les idées et les mœurs et n'avait écrit dans ses
livres que l'histoire de son cœur, prenant pour
unique règle ce qu'il appelait la nature, ce qui
n'était que sa sensibilité ; mais quelle différence
et quelle opposition ! L'un, génie tout aristocratique et délicat, ayant pour guide le sentiment de
l'honneur; l'autre, génie tout plébéien, autrement
robuste, avec les défauts inévitables d'une éducation grossière et vicieuse ; l'un artiste jusqu'au
fond de l'âme, altéré d'infini, inassouvi d'idéal,
mais énergique et résolu ; l'autre, hardi, au delà
de tout, dans ses conceptions, mais ne sachant ni
vouloir, ni entreprendre, nourri d'utopies les plus
fausses et faible comme un enfant ; l'un qui fut le
père du romantisme, l'autre qui ne fut rien moins
que l'inspirateur des doctrines politiques et sociales de la Convention.

Ils se ressemblent sur un point : c'est que tous
deux se sont mis tout entiers dans leurs écrits ;
que leur *moi* est toujours en scène ; mais comme
l'influence de ce *moi* s'est exercée dans des milieux
différents ! Saint-Preux a agi surtout sur l'imagination des femmes du XVIIIe siècle ; Rousseau
n'a pas brisé la tradition avec l'esprit formaliste ;
il n'a pas consommé une révolution littéraire,
Chateaubriand l'a fait.

Il a apporté en littérature une liberté intellectuelle, au moins égale à celle que Rousseau montra dans les questions de principes sociaux ou politiques. Pour réussir à rompre avec la fausse imitation classique, il fallait deux qualités supérieures, l'imagination et la sensibilité ; Chateaubriand les a eues toutes les deux ; et d'abord son imagination était d'une richesse, d'une variété, d'une souplesse, d'une puissance extraordinaires ; cette imagination l'a rendu malléable aux impressions esthétiques les plus diverses ; ses voyages ne firent que développer les germes contractés à Combourg. Pour peindre la nature, sous les cieux les plus différents, depuis les bruyères de la Bretagne et la mer grise de Saint-Malo, jusqu'à Sparte et Athènes, Jérusalem et la Mer Morte, l'Egypte et Carthage, jusqu'au Colysée et à la voie Appienne, jusqu'à Baïes et Pœstum, depuis les lacs d'Amérique et les Florides, jusqu'aux rues brumeuses et froides de Londres, il a eu sur sa palette les couleurs les plus éclatantes et les plus adoucies, allant de la grandeur à la grâce, de la force à l'enchantement ; il a dépassé, en lumière, en traits vibrants et chauds, tout ce que les paysagistes avaient rêvé. Jamais la nature n'avait été vue avec ces yeux de flamme et n'avait communiqué des sensations aussi intenses à un écrivain ; et ce n'était pas seulement cette faculté de voir et de rendre des choses extérieures qui était un des dons de Chateaubriand, c'était aussi l'amour et l'intelligence de tout ce qui est beau dans les créations de l'esprit humain et dans les noblesses de l'âme humaine, sans distinction, et non plus seulement l'antiquité latine et grecque, mais aussi le xvii° siècle et la vieille France.

A cette faculté de vision, il fallait qu'il vînt se joindre une sensibilité particulière et très aiguë. Les secousses de la vie morale de Chateaubriand, dès sa plus tendre enfance, avaient toujours été d'une extraordinaire violence. Les années passées dans la politique ne firent qu'augmenter cette intensité de sensibilité, jointe à un esprit de retenue et de solitude intérieure qui l'empêchait de causer de ce qui le touchait, et d'entretenir les autres de ses desseins, de ses attachements, persuadé de l'ennui profond que l'on apporte aux autres, en leur parlant de soi... Il faut y ajouter encore cet orgueil, accumulé, comme un héritage, pendant des siècles, orgueil qui le préservait de toute bassesse.

De tout cela sortit un besoin d'idéal qui le poursuivit partout, dans ses affections d'abord, et qui lui faisait sentir d'avance avec une acuité qui était de la souffrance, la disproportion entre ce qu'il désirait et l'objet désiré, même quand il l'avait devant lui.

Si, humainement, cette organisation devait laisser dans son âme une amertume profonde, et qui n'était pas de commande, elle devait, littérairement, donner à la personne, au *moi*, une prépondérance exclusive dans l'inspiration. Tous les événements mémorables de sa vie, dans la haute comme dans la mauvaise fortune, n'ont pu transformer le fond de cette nature.

La lutte acharnée entre la réalité et l'idéal, qui est la source de toute grande poésie, s'est livrée sous toutes les formes dans l'âme de Chateaubriand, et comme sa puissante imagination grandissait d'avance les joies futures, la vie réelle était impuissante à combler l'abîme que le désir avait creusé en lui.

Quand cet état d'âme et d'esprit est sincère, et il l'était incontestablement chez Chateaubriand, quand il n'est pas une pose ou une mode, il est une cause inextinguible de tristesse, et chez un écrivain de génie, une originalité dont l'œuvre doit laisser, particulièrement chez les jeunes esprits ignorants de la vie, une impression indélébile.

On peut ne pas aimer ce caractère, mais quand il est préservé de toute tache par la dignité, il rehausse le talent ; et les défauts de naïf égoïsme et d'orgueil inconscient sont ceux d'un poète.

Chateaubriand substitua donc la littérature personnelle à l'autre. Il n'y a que lui dans toutes ses œuvres, dans tous ses héros, jusque dans ce magnifique monument qui n'est qu'une collection de pièces justificatives de son caractère et qui s'appelle les *Mémoires d'outre-tombe.*

Ce moi, jusqu'alors haïssable, serait insupportable, s'il était ridicule et bas ; mais quand il est relevé par la noblesse d'attitude et par la sincérité des désespérances, quand il chante ses souffrances intimes avec la lyre d'Orphée, alors les générations prêtent l'oreille, saisissent le charme qui tombe des mélodies et s'attachent au char du poète.

C'est l'explication du succès de la révolution littéraire que fit Chateaubriand ; il renouvellera, rajeunira l'esprit français dans toutes les parties de son domaine. Ce n'est pas seulement le roman qu'il transformera, c'est l'histoire qu'il vivifiera, parce qu'il animera le spectacle des choses et qu'il aura des éclairs subits au milieu de l'obscurité de certaines époques. C'est la critique, à qui il découvrira des horizons nouveaux : c'est aussi l'art dont il élargira le domaine, en lui faisant connaître les beautés du moyen âge, et les *vastités sombres* de nos cathédrales gothiques ; c'est enfin la poésie proprement dite, l'élégie, qui cessera d'être uniquement sensuelle, le poème philosophique qui n'aura plus sa sécheresse prosaïque.

Ce qui n'est qu'à Chateaubriand, ce qu'aucune école ne pourra égaler, c'est la nature même de cette sensibilité, poussée si loin, que Rousseau, dans les pages les plus intimes de ses *Confessions*, ne peut en donner l'idée. Chateaubriand n'a fait que s'aimer lui-même dans les âmes qui se croyaient aimées par lui ; il ne poursuivait que son rêve dans le cœur des autres ; il a été plus troublé que tendre. C'est ainsi que son génie est en partie composé de la connaissance parfaite du *moi* et d'une analyse douloureuse de sa manière de sentir. Ses livres, même l'*Itinéraire*, ne s'expliquent que si l'on s'est bien rendu compte de son être moral.

L'époque où il écrivait, était la plus favorable à ce caractère particulier qui se dévorait lui-même et envenimait avec orgueil ses plaies cachées. Jamais, autant qu'à la fin du XVIIIe siècle, les hommes éclairés n'avaient autant espéré et n'avaient été autant déçus.

Certes, il s'était rencontré, avant René, des mélancoliques et des mécontents d'eux-mêmes ; mais ils trouvaient autour d'eux, dans le monde et dans les croyances, des consolations ou du moins des appuis ; au contraire, dans les premières années qui suivirent la Révolution, — en dehors de la classe rurale, la plus nombreuse, qui profita immédiatement des bienfaits résultant des lois constitutives de la propriété libre, et de l'égalité, — les fortunes détruites, les consciences atteintes, les familles décimées par l'échafaud ou par la guerre, les salons dispersés. avaient assombri, découragé une partie de la société polie. Les âmes y étaient plus tristes, moins légères, plus aptes à comprendre les tourments et le cri solitaire de René ; elles ne lui demandaient pas autre chose.

S'il n'y avait pas eu une forme sociale nouvelle,
cette révolution littéraire et psychologique n'eût
pas abouti. Mais la société issue de 89 n'avait
pas créé seulement un état moral particulier et
une nation différente ; elle avait eu besoin pour
l'expression de ses ardeurs, et de ses convictions,
de la passion dans la conversation, et de l'éloquence dans le discours.

Aussi, ce n'est pas seulement dans les idées
et dans les sentiments que l'action de Chateaubriand sera puissante ; il enrichira le style,
la langue, de procédés nouveaux, il les tein-
dra d'éclatantes couleurs ; « il les revêtira de la
pourpre de Tyr ». Aucun écrivain n'excellera
comme lui à fixer d'un trait le détail caractéristique et à le mettre en pleine lumière. Nul
écrivain n'apportera plus de vivacité dans l'expression, dans la peinture des choses extérieures.
Sa phrase sera drapée avec un art infini, et
comme l'auteur ne fait qu'un avec son langage,
cette phrase sera, dans les meilleures pages,
la plus pénétrante et la plus suggestive de toutes.
Les mots seront vivifiés par des acceptions
nouvelles et par des combinaisons imprévues.

C'est par les mots surtout qu'il exercera son
prestige ; nul n'en aura de plus beaux, de plus
modulés, de plus sonores, de plus larges, de
plus empreints des murmures de la mer et des
souffles mélancoliques des bois ; sans doute
cette langue aura parfois quelque chose de fac-

tice et d'emprunté ; sans doute cette pourpre sera
teinte parfois de couleurs trop voyantes ; mais
elle sera relevée par une si douce harmonie
et par des mouvements si naturels, que l'esprit
sera charmé, et que l'impression sur les délicats
sera délicieuse ; jamais l'oreille n'aura plus été
remplie par le nombre et la cadence ; jamais la
prose n'aura tant ressemblé à la musique.

Qu'on lise tout haut le chant de Cymodocée :
« Légers vaisseaux de l'Ausonie ! fendez la mer
calme et brillante ! » ou bien les paroles de
Velléda à Eudore : « Je n'ai jamais aperçu, au
coin d'un bois, la maison roulante du berger,
sans songer qu'elle me suffirait avec toi ! » et
l'on sera bercé par une modulation qui pénètre
dans toutes les fibres. Notre langue appauvrie
par l'école voltairienne va reprendre la grande
allure et le déroulement rythmique qu'elle avait
perdu depuis l'oraison funèbre du prince de
Condé.

C'est tout à fait un enchanteur, pour rappeler
le mot si connu de Joubert. Ajoutez que nul
prosateur ne porta plus loin que lui l'amour
de la perfection, le souci de la moindre épithète,
acceptant volontiers les critiques de ses amis
Fontanes et Bertin, déchirant des chapitres entiers, les recommençant deux ou trois fois, et
n'étant pas satisfait, si ses sévères conseillers
ne l'étaient pas eux-mêmes.

Oui, c'est un grand écrivain, un de nos plus

grands. Ce n'est pas un penseur dans le sens philosophique du mot ; mais comme on se tromperait fort, si l'on croyait que son esprit n'est pas solide et juste, et fin et plein de bon sens ! Quelques-uns de ses récits, dans les *Natchez*, dans l'*Itinéraire* et surtout dans ses admirables *Mémoires d'outre-tombe* rappellent *Zadig* et la *Princesse de Babylone*. Nous voulons dire : que si son nom est immortel, ce n'est pas qu'il réveille chez les lettrés, uniquement la marque de ces idées sur lesquelles vivent, de siècle en siècle, les sociétés humaines ; mais aussi qu'on rencontre les qualités les plus opposées. Comme il sait conter ! comme il décoche le trait ! Et comme, dans sa polémique et ses écrits politiques, il est sobre, vif et mordant ! Il sera un pamphlétaire et un journaliste de premier rang, de telle sorte que la presse doctrinaire trouvera en lui le meilleur des maîtres. « Son intelligence n'avait d'autres bornes que ses répugnances » ; et il en avait.

Dans toutes les parties du domaine de la littérature, aussi étendu qu'il soit, Chateaubriand va donc labourer puissamment le sol ; il le retournera et lui fera porter les moissons les plus magnifiques et les plus inattendues.

On n'a point exagéré en affirmant qu'il avait été un révolutionnaire, en littérature, aussi hardi que l'avait été Ronsard.

CHAPITRE V.

SES PREMIÈRS LIVRES. — LES NATCHEZ ET L'ESSAI
HISTORIQUE SUR LES RÉVOLUTIONS.

Il faut examiner chacun de ses ouvrages.

Si nous voulons suivre exactement l'ordre
chronologique, nous devons d'abord nous occuper des *Natchez*, de cet immense recueil qui se
composait originairement de 283 pages in-folio,
et qui comprenait *Atala*, *René*, et les descriptions
de l'Amérique, placées plus tard dans le *Génie du
Christianisme*.

Lorsqu'en 1800 Chateaubriand quitta l'Angleterre pour rentrer en France, sous un nom
supposé, il n'osa pas se charger d'un trop gros
bagage. Il laissa la plupart de ses manuscrits à
Londres, et il n'emporta à Paris que *René*, *Atala*
et quelques pages de son voyage en Amérique.
Quatorze années s'écoulèrent avant que nos com-
munications avec la Grande-Bretagne se rouvris-
sent. Comment ses manuscrits furent miraculeu-
sement retrouvés sous la Restauration, c'est ce
que Chateaubriand a raconté dans une préface,

en publiant les *Natchez*, dans l'édition complète de ses œuvres en 1826. Nous y renvoyons le lecteur.

Le premier manuscrit était écrit de suite, sans section. Tous les sujets y étaient confondus, voyages, histoire naturelle, partie dramatique. Mais auprès de cet ouvrage d'un seul jet, il en existait un autre, partagé en livres et incomplet, où l'écrivain avait changé le genre de composition, en le faisant passer du roman à l'épopée. Chateaubriand a revisé les *Natchez*; il a en 1825 repassé le pinceau sur le tableau; mais, heureusement, il n'a pas voulu éteindre les couleurs. Il a conservé à la composition son indépendance et sa fougue. « Il fallait, suivant son heureuse expression, laisser l'écume au frein du jeune coursier. »

Dès cette œuvre, il révèle le penchant de sa nature de poète; il se plaît à rapprocher les choses les plus contraires et les plus éloignées les unes des autres. L'histoire de Chactas et le récit de son voyage à Paris lui servent de prétexte. Il met en opposition, avec une fantaisie charmante, les mœurs des peuplades sauvages, avec les mœurs du peuple le plus policé de la terre; et alors on rencontre Louis XIV et le génie des eaux, Versailles et le bagne de Toulon, le chef de la prière et la mousse blanche des chênes, Bossuet et Ninon de l'Enclos, le Pont-Neuf et le Mississipi.

Les premiers livres sont écrits dans la manière des épopées en prose, avec le merveilleux de toutes les espèces, y compris le merveilleux chrétien. On y voit pêle mêle des muses et des anges, des démons **et** des génies, des personnages allégoriques, comme la Nuit et la Mort, l'Amitié et la Renommée; ce sont des invocations, des sacrifices, des prodiges, des comparaisons multipliées. En un mot, l'ouvrage n'a ni queue, ni tête, mais il est plein de talent et de promesses. Il ne faut pas oublier, avant de le juger, que Chateaubriand avait alors 23 ans.

La première partie, malgré les tours de force d'imagination, est donc fausse et maniérée, comme le genre lui-même. C'est là qu'on lit des phrases comme celle-ci : *le tube enflammé, surmonté du glaive de Bayonne*; mais toute la seconde partie est du vrai Chateaubriand. Le récit reprend son cours après le VIIe livre, et le roman remplace le poème.

Rappelons-nous que *René* est tiré du manuscrit des *Natchez* et que Chateaubriand, après sa revision de 1825, a laissé paraître, sans changements, la lettre souvent citée de René à Céluta, lettre si étrange, qui jette un jour si éclatant sur l'état de son âme.

Et d'abord ces lignes servaient de préambule :

« Me voici seul ! Nature qui m'environnez, mon cœur vous idolâtrait autrefois ; serais-je devenu insensible à vos charmes? Le malheur m'a touché, sa main m'a flétri. Qu'ai-je gagné en venant sur ces bords ? Insensé, ne devais-tu pas apercevoir que ton cœur ferait ton tourment, quels que fussent les lieux habités par toi? Rêveries de ma jeunesse, pourquoi renaissez-vous dans mon souvenir? Toi seule, ô mon Amélie, tu as pris le parti que tu devais prendre! Du moins, si tu pleures, c'est dans les abris du port. Je gémis sur les vagues, au milieu de la tempête. » (Pages 349-350. Edition Lefèvre-Lavocat, Paris, 1831.)

Chateaubriand n'a pas corrigé les passages suivants :

« Un grand malheur m'a frappé dans ma première jeunesse ; ce malheur m'a fait tel que vous m'avez vu. J'ai été aimé, trop aimé! L'ange qui m'environna de sa tendresse mystérieuse, ferma pour jamais, sans les tarir, les sources de mon existence. Tout amour me fit horreur! Un modèle de femme était devant moi, dont rien ne pouvait approcher; intérieurement consumé de passions, par un contraste inexplicable, je suis demeuré glacé sous la main du malheur... » (Page 481.)

« Toutefois, ne croyez pas désormais recevoir impunément les caresses d'un autre homme ; ne croyez pas que de faibles embrassements puissent effacer de votre âme ceux de René. Je vous ai tenue sur ma poitrine, au milieu du désert, dans les vents de l'orage, lorsqu'après vous avoir portée de l'autre côté d'un torrent, j'aurais voulu vous poignarder pour fixer le bonheur dans votre sein, et pour me punir de vous avoir donné ce bonheur. C'est toi, Être suprême, source d'amour et de beauté, c'est toi seul qui me créas tel que je suis, et toi seul me peux comprendre. » (Page 485.)

« Je m'ennuie de la vie! l'ennui m'a toujours dévoré ; ce qui intéresse les autres hommes ne me touche point. Pasteur ou roi, qu'aurais-je fait de ma houlette ou de ma

couronne ? Je serais également fatigué de la gloire et du
genie, du travail et du loisir, de la prospérité et de l'in-
fortune. En Europe, en Amérique, la société et la nature
m'ont lassé ; je suis vertueux sans plaisir ; si j'étais cri-
minel, je le serais sans remords. Je voudrais n'être pas
né, ou être à jamais oublié. » (Page 486, les *Natchez*.)

On ne peut pas pousser plus loin l'amertume.
Tout l'ouvrage offre ce contraste d'une imagination sombre, d'une ironie cachée, et de tableaux
d'une fraîcheur incomparable. D'une part nous
saisissons au vif dans le jeune Chateaubriand
ce qu'on a appelé plus tard, en plein romantisme,
l'*homme fatal* :

« René n'avait point changé de nature, il accomplis-
sait son sort dans toute sa rigueur. Déjà, la distraction
qu'un long voyage et des objets nouveaux avaient pro-
duite dans son âme, commençait à perdre sa puissance. Les tristesses du frère d'Amélie revenaient et le
souvenir de ses chagrins, au lieu de s'affaiblir par le
temps, semblait s'accroître. Les déserts n'avaient pas
plus satisfait René que le monde, et dans l'insatiabilité
de ses vagues désirs, il avait déjà tari la solitude comme
il avait épuisé la société. Personnage immobile au milieu
de tant de personnages en mouvement, centre de mille
passions qu'il ne partageait pas, objet de toutes les pensées par des raisons diverses, le frère d'Amélie devenait
la cause invisible de tout. Aimer et souffrir était la double
fatalité qu'il imposait à quiconque s'approchait de sa
personne. Jeté dans le monde, comme un grand malheur,
sa pernicieuse influence s'étendait aux êtres environnants:
c'est ainsi qu'il y a de beaux arbres sous lesquels on ne
peut s'asseoir, ou respirer, sans mourir. »

4*

Le poète, d'autre part, se retrouve tout entier dans des esquisses d'une grâce achevée et dans la création de cette Mila, que le pinceau, neuf encore, de Chateaubriand s'est plu à revêtir de toutes les gentillesses de l'adolescence.

Rappelons-nous la récolte de la folle avoine :

« On remonte le courant pour arriver au lieu de la moisson. Les chênes-saules, dont la rivière était bordée, y répandaient l'ombre ; les pirogues s'ouvraient un chemin à travers les plantes qui couvraient de feuilles et de fleurs la surface de l'eau. Par intervalles, l'œil pénétrait la profondeur des flots roulant sur des sables d'or ou sur des lits veloutés d'une mousse verdoyante ; des martins-pêcheurs se reposaient sur des branches pendantes au-dessus de l'onde, ou fuyaient devant les canots, en rasant le bord de la rivière. On arrive au lieu désigné : c'était une baie où la folle avoine croissait en abondance...... Le champ était moissonné. La lune se leva pour éclairer le retour de la flotte ; sa lumière descendait sur la rivière, entre les saules à peine frémissants. De jeunes Indiens et de jeunes Indiennes suivaient les canots à la nage, comme des sirènes ou des tritons ; l'air s'embaumait de l'odeur de la moisson nouvelle, mêlée aux émanations des arbres et des fleurs... O lune, que tu es belle dans ta tristesse ! Tes regards veloutent l'azur du ciel ; ils rendent les nues diaphanes ; ils font briller les fleuves comme des serpents ; ils argentent la cime des arbres ; ils couvrent de blancheur le sommet des montagnes ; ils changent en une mer de lait les vapeurs de la vallée. Mila nageait près du canot ; enveloppée d'un voile, elle ne montrait au-dessus de l'eau que ses épaules demi-nues et sa tête humide ; quelques épis de folle avoine, capricieusement tressés, ornaient son front. Sa figure riante brillait à la clarté de la lune, au milieu de l'ébène de ses cheveux, des filets d'argent coulaient le long de ses joues ; on eût pris la petite Indienne pour une Naïade qui avait dérobé la couronne de Cérès. »

Quelque inexpérimentée que soit cette première œuvre, elle a toutes les qualités géniales de Chateaubriand, avec la fraîcheur et la vivacité des impressions, et le sentiment tout nouveau de cette nature encore inexplorée de l'Amérique, qui devait lui rester toute sa vie. C'est dans les *Natchez* et dans *René* qu'il a le plus sincèrement dévoilé les intimes replis de son cœur, ardent, concentré, solitaire et triste ; et ces pages sont dorées encore des premiers rayons de la jeunesse. Cette Iliade sauvage des *Natchez*, comme on l'a appelée, ne peut être considérée, malgré les corrections et les retouches de 1826, que comme une puissante ébauche, semblable à ces forêts vierges où elle a été enfantée, avec leur désordre, leur confusion, leurs lianes enchevêtrées, mais aussi avec leurs richesses et leurs couleurs, « avec leurs clairières ensoleillées, pleines de rêveries profondes et de sources claires et jaillissantes. »

Le second ouvrage de Chateaubriand fut composé durant son exil en Angleterre, alors qu'il était malade et malheureux et qu'il se croyait atteint mortellement. Il voulut dire ce qu'il pensait des événements prodigieux dont il était le témoin et la

victime, et il se mit à écrire en 1794 l'*Essai historique sur les Révolutions anciennes et modernes*, con-
sidérées dans leurs rapports avec la Révolution
française. Le premier volume seul parut à Londres en 1797.

Chateaubriand eut la faiblesse, sous la Restauration, de faire une amende honorable complète,
trop complète « de ses erreurs », dans les notes
de la nouvelle édition de ses œuvres. Il s'est
exagéré ses fautes. L'époque le voulait ; sa situa-
tion politique l'exigeait, il faut le croire. « Pour
m'enlever l'influence qu'on craignait de me voir
prendre sur un gouvernement religieux, on
crut expédient de réchauffer la vieille querelle de
l'*Essai*. »

Il s'est montré plus corrigé qu'il ne l'était au
fond. L'*Essai* était un livre de doute et de douleur, écrit par un jeune pessimiste.

L'ouvrage n'est du reste pas composé. — Amas
incohérent de réflexions, puisées dans ses immenses lectures, l'œuvre est curieuse ; et, comme
dans tout ce qu'il a écrit, c'est Chateaubriand avec
son caractère et son originalité. En lisant atten-
tivement l'*Essai*, on sent partout que là nature
religieuse du Breton est au fond et que l'incrédulité n'est qu'à la surface.

L'idée de l'*Essai* est que l'homme, faible dans
ses moyens et dans son génie, ne fait que se répéter sans cesse. « Il circule dans un cercle dont
il essaie en vain de sortir. » Les faits mêmes qui

ne dépendent pas de lui et qui semblent tenir au jeu de la fortune, se reproduisent incessamment dans ce qu'ils ont d'essentiel. « Celui qui lit l'histoire ressemble à un homme voyageant dans le désert, à travers ces bois fabuleux de l'antiquité qui prédisaient l'avenir. » Citons encore cette pensée juste, qui est comme l'idée mère du livre : « Les sciences sont des inconnues qui se dégagent sans cesse ; mais aussi le vice et la vertu, selon l'histoire, paraissent une somme donnée qui n'augmente, ni ne diminue. »

Qu'on ne croie pas que le système se déroule logiquement et avec méthode ; il y a une absence complète d'unité. Suivant un mot plaisant qui lui appartient : « C'est un coureur qui pousse toujours, comme un cosaque qui fait des pointes. » L'abus des rapprochements et des antithèses historiques dépasse tout ce qu'on peut imaginer : Lycurgue et Saint-Just, Mégadès et Tallien, Epiménide et M. de Flins, Solon et M. de Nivernais ; et à côté de ces défauts, on se heurte à des pages remarquables et piquantes, comme le parallèle des Français et des Athéniens, reproduit en partie dans le *Génie du Christianisme*. Chateaubriand n'a pas encore le sentiment du ridicule.

En d'autres termes, c'est un livre où il n'y a que des morceaux ; point d'enchaînements et de développements continus. Malgré ses hardiesses de pensées, l'auteur se sépare déjà de la philosophie du XVIIIe siècle et il lui dit : « A quoi bon, quand l'édifice sera miné, étaler sa ruine ? » C'est par là qu'il se préparait, à son insu, à cette attaque violente des encyclopédistes et de leur temps, qui est le fond même de son futur ouvrage, le *Génie du Christianisme.*

Au milieu de fragments éloquents, comme le chapitre intitulé *Aux infortunés*, Chateaubriand ne trouve rien de mieux, comme conclusion, que de proposer à ses lecteurs de venir passer avec lui une nuit chez les sauvages ; on doit reconnaître que le style avec ses recherches d'archaïsme n'est pas encore fondu et n'a pas encore acquis les qualités de perfection que lui donneront les conseils et les avis de la petite société de Mme de Beaumont. On n'écrit du reste avec mesure la langue française que dans sa patrie. Le séjour en France était la condition du développement du talent de l'auteur de l'*Essai*.

Il y a cependant plus que des promesses dans cette description d'une nuit dans les forêts américaines, description que l'on retrouve, avec les modifications opérées par le goût, dans le *Génie du Christianisme :*

« La lune était au plus haut point du ciel ; on voyait çà et là, dans de grands intervalles épurés, scintiller mille étoiles. Tantôt la lune reposait sur un groupe de nuages qui ressemblait à la cime de hautes montagnes couronnées de neige ; peu à peu ces nues s'allongeaient, se déroulaient en zones diaphanes et onduleuses de satin blanc, ou se transformaient en légers flocons

d'écume, en innombrables troupeaux errants dans les
plaines bleues du firmament. Une autre fois, la voûte
aérienne paraissait changée en une grève où l'on distin-
guait les couches horizontales, les rides parallèles tracées par le flux et le reflux régulier de la mer ; une
bouffée de vent venait encore déchirer le voile, et partout
se formaient dans les cieux de grands bancs d'une ouate
éblouissante de blancheur, si doux à l'œil, qu'on croyait
ressentir leur mollesse et leur élasticité. La scène sur la
terre n'était pas moins ravissante ; le jour céruséen et
velouté de la lune flottait silencieusement sur la cime
des forêts, et, descendant dans les intervalles des arbres,
poussait des gerbes de lumières jusque dans l'épaisseur
des plus profondes ténèbres. L'étroit ruisseau qui coulait à mes pieds, s'enfonçant tour à tour sous des forêts
de chênes-saules et d'arbres à sucre, et reparaissant un
peu plus loin dans des clairières tout brillant des cons-
tellations de la nuit, ressemblait à un ruban de moire et
d'azur, semé de crachats de diamants, et coupé trans-
versalement de bandes noires. De l'autre côté de la
rivière, dans une vaste prairie naturelle, la clarté de la
lune dormait sans mouvement sur les gazons, où elle
était étendue, comme des toiles. Des bouleaux dispersés
çà et là dans la Savane, tantôt, selon le caprice des
brises, se confondaient avec le sol, en s'enveloppant de
gazes pâles, tantôt se détachaient du fond de craie, en
se couvrant d'obscurité et formant comme des îles d'ombres flottantes sur une mer immobile de lumière. Auprès,
tout était silence et repos, hors la chute de quelques
feuilles, le passage brusque d'un vent subit, les gémisse-
ments rares et interrompus de la hulotte ; mais au loin,
par intervalle, on entendait les roulements solennels de
la cataracte de Niagara, qui, dans le calme de la nuit, se
prolongeaient de déserts en déserts et expiraient à travers les forêts solitaires. » (Tome Iᵉʳ, *Essai*, p. 578-580.
Edit. Lefèvre-Lavocat, 1839.)

Rousseau était alors l'auteur de prédilection de Chateaubriand, et en parlant de lui, il disait : « Peut-être n'y a-t-il dans le monde entier que cinq ouvrages à lire ; l'*Emile* en est un. » Qu'on mette en parallèle les *Rêveries d'un promeneur solitaire* et les descriptions des *Natchez* et de cette nuit d'Amérique, et l'on jugera du bond qui sépare les deux écrivains. Lorsque Chateaubriand jetait en arrière un œil de regret, pour retrouver ses méditations enchantées, et le charme secret d'une âme jouissant d'elle-même, c'est au sein des immenses déserts de l'Amérique que ses souvenirs le replongeaient.

L'*Essai sur les Révolutions*, qui devait être une sorte d'encyclopédie historique et dont il parle « comme le compendium de son existence », ne fut même pas connu des personnages de l'émigration ; ce fut sous la Restauration que ceux dont il avait choqué les passions ou blessé les intérêts, ramassèrent l'*Essai*, pour s'en servir comme d'une arme de parti.

CHAPITRE VI.

Cependant, il était rentré à Paris ; il travaillait
au *Génie du Christianisme*, dont il avait apporté les
premières feuilles imprimées, lorsque, sur le conseil de ses nouveaux amis de la rue de Luxembourg, il détacha *Atala* et prit la résolution de
la publier. C'était la colombe avant-coureur,
envoyée pour consulter l'opinion publique.

La forme du livre n'était pas celle du roman
ordinaire. Dans les intentions de Chateaubriand,
c'était une sorte de poème en prose, divisé en pro-
logue, récit et épilogue. Il avait, étant encore très
jeune, conçu l'idée de faire l'épopée de l'homme
de la nature, ou de peindre les mœurs des sauvages, en les liant à quelque événement connu.
Atala a été écrite dans les forêts américaines, ainsi
que les *Natchez*. Il n'y a pas d'aventures. C'est
le tableau des troubles de l'amour, au milieu
du calme des déserts, et le drame ne comporte
que trois personnages, « comme le Philoctète »,
qu'on ne s'attendait guère à trouver cité dans la

première préface. Chateaubriand est préoccupé de
la Grèce, et il se compare volontiers à l'un de ces
« rapsodes qui chantaient des fragments de l'Iliade
ou de l'Odyssée ». Son but n'est pas d'arracher des
larmes. Il lui semble que c'est une dangereuse
erreur « avancée, comme tant d'autres, par M. de
Voltaire » (l'adversaire du xviiie siècle se montre
déjà), « que les bons ouvrages sont ceux qui font
le plus pleurer. » L'auteur d'*Atala* proteste contre
cette théorie. « On n'est point un grand écrivain
« parce qu'on met l'âme à la torture. Les vraies
« larmes sont celles que fait couler une belle poésie;
« il faut qu'il s'y mêle autant d'admiration que de
« douleur. » Ce n'était pas si mal dit, et cette nouvelle poétique d'un grand artiste n'était pas pour
déplaire à l'un de ses nouveaux amis, Joubert.

Le succès fut éclatant. Les larmes d'admiration
et d'émotion coulèrent, et le nom de Chateaubriand
devint célèbre. Il raconte gaîment dans ses Mémoires cette première *griserie* de la gloire, la
seule qui l'ait enivré. Onze éditions se succédèrent;
la douzième, qui parut en 1805, fut revue avec le
plus grand soin. La Harpe lui avait dit :

« Si vous voulez vous enfermer avec moi, seulement pendant quelques heures, ce temps nous
suffira pour effacer les taches qui font crier si haut
vos censeurs. »

Chateaubriand déclare dans la préface de 1805
qu'il a passé « quatre ans à revoir cet épisode, mais
aussi qu'il est tel qu'il doit rester. » Il a fait dispa-

raître quelques phrases ridicules, sur « l'homme des anciens jours », qui est aussi « l'homme du rocher », le Père Aubry, phrases qui avaient justement prêté à l'ironie mordante de Marie-Joseph Chénier, et surtout del'abbé Morellet, avec les *tripes de roche* et les *jambons d'ours*.

Fontanes, à la veille de la publication d'*Atala*, avait rendu à son ami le plus signalé service. Chateaubriand lui avait donné lecture de l'ouvrage en manuscrit. Quand il fut arrivé au discours du Père Aubry, au bord du lit de mort d'Atala, Fontanes lui dit brusquement et d'une voix rude : « C'est mauvais ! Refaites cela ! » Il voulait jeter le tout au feu. Il passa depuis huit heures jusqu'à onze heures du soir, assis devant sa table, le front appuyé sur le revers de ses mains étendues et ouvertes sur son papier ; l'inspiration lui revint. Il traça de suite le discours du missionnaire, sans un seul interligne, sans en rayer un seul mot, tel qu'il est resté. Le cœur palpitant, Chateaubriand le porta le matin à Fontanes, qui s'écria : « C'est cela ! c'est cela ! Je vous l'avais bien dit que vous feriez mieux. »

Atala est un de ces ouvrages qu'on ne peut guère analyser. Chactas, vieux, raconte à René la grande aventure de sa jeunesse, comment un jour, dégoûté de la vie des cités, il a voulu reprendre sa vie de chasseur, et a été fait prisonnier par un parti de Muscogulges et de Siminoles, condamné à être brûlé, lorsqu'Atala apparaît et le sauve. Les voilà seuls. Atala l'aime et le repousse ; sous les coups redoublés de la foudre, à la lueur des éclairs, elle lui ouvre son cœur ; elle est chrétienne ; un vénérable missionnaire, le P. Aubry, les sauve; mais Atala s'est empoisonnée pendant l'orage. Tel est le drame.

L'étrangeté de l'ouvrage ajoutait à la surprise de la foule. Ce bariolage de sentiments primitifs, d'observations raffinées, et de fausse couleur locale, qui faisaient hausser les épaules aux psychologues et aux naturalistes, tout cela placé originairement dans le *Génie du Christianisme*, n'était pas sans apporter quelque trace de maniéré. *Atala* tombait au milieu de la littérature pseudo-classique plus qu'usée et sèche, comme une sorte de production d'un genre tout à fait inconnu. Déchirée par les uns, dévorée avec admiration par les autres, *Atala*, au bout de six mois, était traduite dans presque toutes les langues de l'Europe, en espagnol, en italien, deux fois en anglais et en allemand.

C'est qu'il y avait un charme qui défiait toutes les critiques, « un talisman qui tenait aux doigts de l'ouvrier » ; il y avait une originalité qui dénotait un écrivain d'un siècle nouveau ; et ce n'était ni caprice, ni mode. La nature avait donné en effet à Chateaubriand ce talisman particulier sans lequel il peut y avoir, suivant la parole d'un maître, du travail, de l'effort, du mérite, mais ni magie, ni poésie. Grâce à lui, les véritables beautés d'*Atala* n'ont pas vieilli, et le charme opère toujours, même quand, après vingt ans d'intervalle, on rouvre le livre.

Ne demandez pas l'exactitude pittoresque, ou même la fidélité du dessin, l'auteur ne vous les donnerait pas ; il ne les a pas cherchées. Il peint les objets comme il les voit, et il les voit comme il les aime. L'ingéniosité disparaît devant cette façon de sentir et de peindre la nature. La plume de Chateaubriand empruntait à l'immensité des déserts américains le grandiose et l'inattendu, et son imagination donnait à ses moindres compositions un caractère d'œuvre d'art, riche, noble et ciselé, comprenant souvent les époques les plus disparates, mêlant toutes les civilisations, opérant, suivant le mot de son ami Joubert, une vraie transmutation, comme le fameux métal de l'incendie de Corinthe.

S'il y a trop d'excès dans une image, il en adoucit l'effet par l'harmonie des sons, et il tire de certains mots bien placés, comme d'une lyre, des sons mélodieux :

« Les femmes me questionnaient sur ma mère, sur les premiers jours de ma vie ; elles voulaient savoir si l'on suspendait mon berceau de mousse aux branches fleuries des érables, si les brises m'y balançaient auprès du nid des petits oiseaux. C'étaient ensuite mille questions sur l'état de mon cœur ; elles me demandaient si j'avais vu une biche blanche dans mes songes et si les arbres de la vallée secrète m'avaient conseillé d'aimer...

« La nuit était délicieuse. Le génie des airs secouait sa chevelure bleue embaumée de la senteur des pins, et l'on respirait la faible odeur d'ambre qu'exhalaient les crocodiles sous les tamarins des fleuves ; la lune brillait d'un azur sans tache, et sa lumière gris de perle descendait sur la cime indéterminée des forêts. Aucun bruit ne se faisait entendre, hors je ne sais quelle harmonie lointaine qui régnait dans la profondeur des bois ; on eût dit que l'âme de la Solitude soupirait dans toute l'étendue du désert. »

Cette puissance de l'épithète, nous la trouvons dans la *cime indéterminée* des forêts ; la création de l'expression, nous la rencontrons dans maintes phrases, comme celle où Chateaubriand parle des passions que tout favorise, et le *secret des bois*, et l'absence des hommes, et la *fidélité des ombres*. Il ajoute encore aux clairs de lune lorsqu'il dit :

« La lune se leva au milieu de la nuit, comme une blanche Vestale qui vient pleurer sur le cercueil d'une compagne. Bientôt elle répandit dans les bois ce grand secret de mélancolie qu'elle aime à raconter aux vieux chênes et aux rivages antiques des mers. »

Les rythmes propres à la prose française avaient disparu avec la phrase courte de l'école voltairienne ; nous les retrouvons dans *Atala* :

« Merveilleuses histoires racontées autour du foyer, tendres épanchements du cœur, longues habitudes d'aimer si nécessaires à la vie, vous avez rempli les journées de ceux qui n'ont point quitté leur pays natal ! »

Sans doute Chactas et Atala n'ont pas ce qu'on appelle une physionomie morale, pas même celle de leur patrie ; sans doute ils sont trop sauvages pour des prosélytes de la civilisation et trop civilisés pour des sauvages ; sans doute leur langage mêle constamment et sans aucune mesure la naïveté des races primitives aux idées abstraites et générales d'un français du xixᵉ siècle ; n'oublions pas non plus que dans chacune des œuvres de Chateaubriand, il y a surtout Chateaubriand ; mais quel souffle ! quelle grandeur ! et comme toutes les critiques sont infécondes devant la suprême beauté !

« Déjà, je m'étais enivré de son souffle, déjà j'avais bu toute la magie de l'amour sur ses lèvres, les yeux levés au ciel ; à la lueur des éclairs, je tenais mon épouse dans mes bras, en présence de l'Eternel. Pompe nuptiale, digne de nos malheurs et de la grandeur de nos amours, superbes forêts qui agitiez vos lianes et vos dômes comme les rideaux et le ciel de notre couche, pins embrasés qui formiez les flambeaux de notre hymen, fleuve débordé, montagnes mugissantes, affreuse et sublime nature, n'étiez-vous donc qu'un appareil préparé pour nous tromper, et ne pûtes-vous cacher un moment dans vos mystérieuses horreurs la félicité d'un homme ! »

A côté de ce cri, que de pensées originales, et comme le sentiment de la tristesse humaine est formulé dans le plus poétique langage par ce jeune écrivain qui dans cette voie n'avait pas eu de maître !

« Le cœur, ô Chactas, est comme ces sortes d'arbres qui ne donnent un baume pour les blessures des hommes que lorsque le fer les a blessés eux-mêmes.   . . . .
Connaissez-vous le cœur de l'homme et pourriez-vous compter les inconstances de son désir? Vous calculeriez plutôt le nombre des vagues que la mer roule dans une tempête. Les sacrifices, les bienfaits, Atala, ne sont pas des liens éternels. Un jour peut-être, le dégoût fût venu avec la satiété, le passé eût été compté pour rien, et l'on n'eût plus aperçu que les inconvénients d'une union pauvre et méprisée.......

« Homme, tu n'es qu'un songe rapide, un rêve douloureux; tu n'existes que par le malheur... Tu n'es quelque chose que par la tristesse de ton âme et l'éternelle mélancolie de ta pensée... »

Jamais la littérature du XVIIIe siècle n'aurait fait pousser cette fleur-là, si la Révolution française n'avait pas bouleversé les âmes.

Mais tout ce que nous venons d'admirer s'efface devant l'impression profonde que donnent les funérailles d'Atala, après une nuit de prières, nuit d'une poésie incomparable. On a depuis longtemps fait remarquer combien, dans les moments de douleur, les détails la rendent plus poignante encore, en mêlant la vie à la mort. Ce grand poète qui s'appelle Chateaubriand n'a eu garde, dans cette scène, de négliger les détails. Dès le début de sa glorieuse carrière, celui qu'on a appelé le maître des images montre un art achevé :

« Cependant une barre d'or se forma dans l'Orient.

Les éperviers criaient sur les rochers, et les martres
rentraient dans le creux des ormes : c'était le signal du
convoi d'Atala. Je chargeai le corps sur mes épaules ;
l'ermite marchait devant moi, une bêche à la main. Nous
commençâmes à descendre de rocher en rocher ; la vieillesse et la mort ralentissaient également nos pas. A la
vue du chien qui nous avait trouvés dans la forêt, et qui,
maintenant, bondissant de joie, nous traçait une autre
route, je me mis à fondre en larmes. Souvent la longue
chevelure d'Atala, jouet des brises matinales, étendait
son voile d'or sur mes yeux ; souvent, pliant sous le fardeau, j'étais obligé de le déposer sur la mousse et de
m'asseoir auprès, pour reprendre des forces. Enfin, nous
arrivâmes au lieu marqué par ma douleur ; nous descendîmes sous l'arche du pont. O mon fils, il eût fallu voir
un jeune sauvage et un vieil ermite à genoux, l'un vis-
à-vis de l'autre, dans un désert, creusant avec leurs
mains un tombeau pour une pauvre fille dont le corps
était étendu près de là, dans la ravine desséchée d'un
torrent !

« Quand notre ouvrage fut achevé, nous transportâmes
la beauté dans son lit d'argile. Hélas ! j'avais espéré de
préparer une autre couche pour elle ! Prenant alors un
peu de poussière dans ma main, et gardant un silence
effroyable, j'attachai pour la dernière fois mes yeux sur
le visage d'Atala. Ensuite, je répandis la terre du sommeil sur un front de dix-huit printemps ; je vis graduel-
lement disparaître les traits de ma sœur et ses grâces
se cacher sous le rideau de l'éternité ; son sein sur-
monta quelque temps le sol noirci, comme un lis blanc
s'élève du milieu d'une sombre argile. « Lopez, m'écriai-je,
vois ton fils inhumer ta fille ! » Et j'achevai de couvrir
Atala de la terre du sommeil. »

C'était l'apparition manifeste d'un écrivain de

génie, surgissant de la tourmente révolutionnaire.

On a remarqué qu'il y avait plusieurs époques dans la carrière littéraire de Chateaubriand, correspondant aux diverses manières de son style. Celui d'*Atala* n'est pas encore parfait ; cet éclat souvent fastueux, à coup sûr troublant, s'adoucira dans des teintes plus harmonieuses ; mais « eût-il cent mille défauts, écrivait Joubert « à Mme de Beaumont, il a tant de beautés qu'il « réussira. » C'est le jugement définitif que la postérité a ratifié. La profonde émotion qu'allait produire la publication du *Génie du Christianisme* ne devait que consacrer une gloire naissante. *Atala* était le début d'un maître.

Tous les critiques, depuis Vinet jusqu'à Sainte-Beuve, ont essayé de mettre en parallèle Paul et Virginie et la pauvre sauvagesse des Florides. Chateaubriand a plus étudié Bernardin de Saint-Pierre, qu'il ne l'a loué. Ils n'étaient pas faits pour s'entendre. Il y a par conséquent, entre les deux livres, toute la différence qu'il faut constater entre le caractère de Bernardin de Saint-Pierre et celui de Chateaubriand.

La personnalité de René est tout entière dans la création d'Atala. Virginie est plus simple, plus délicate, plus tendre, et aussi plus naturelle, avec moins de souffle et de puissance. C'est au milieu des vents impétueux, au bruit de la chute répétée du tonnerre, « qui siffle en s'éteignant dans les eaux », que Chateaubriand place toute la magie de

l'amour. Dans ces pompes nuptiales, il n'y a pas
de place pour ce mot, dit à demi-voix par Paul à
Virginie : « Vous partez dans trois jours ! Made-
moiselle ! » Et ce simple mot, avec sa timidité et
sa réserve, a plus remué les cœurs que les cris et
les emportements de Chactas.

CHAPITRE VII.

Le 18 avril 1802, un *Te Deum* solennel, chanté à
Notre-Dame, consacrait un grand fait social, le rétablissement du culte catholique. Le matin même,
le Concordat avait été publié, dans tous les quartiers de Paris, avec appareil, et par les principales
autorités. Pour compléter l'effet que le premier
consul avait voulu produire, ce même jour, Fontanes rendait compte, dans le *Moniteur*, d'un livre
nouveau, qui faisait beaucoup de bruit en ce moment : c'était le *Génie du Christianisme*. L'article portait, inscrit en tête, ce mot de Montesquieu : « Chose admirable ! la Religion chrétienne
qui ne semble avoir d'objet que la félicité de
l'autre vie, fait encore notre bonheur dans cette
vie. »

Comment Chateaubriand avait-il été amené à
composer ce livre ? « La mort de ma mère, dit-il,
fixa mes convictions religieuses. Je commençais

à écrire, en expiation de l'*Essai*, le *Génie du Christianisme*. Lorsque, rentré en France, je publiai ce dernier ouvrage, je plaçai dans la préface la confession suivante : Mes sentiments religieux n'ont pas toujours été ce qu'ils sont aujourd'hui. Tout en avouant la nécessité d'une religion et en admirant le Christianisme, j'en ai cependant méconnu plusieurs rapports. Frappé des abus de quelques institutions et des vices de quelques hommes, je suis tombé jadis dans les déclamations et les sophismes. Je pourrais en rejeter la faute sur ma jeunesse, sur le délire des temps, sur la société que je fréquentais ; mais j'aime mieux me condamner ; je ne sais point excuser ce qui n'est point excusable. »

Lié à un événement mémorable, rattaché aux circonstances qui facilitaient son retentissement, le *Génie du Christianisme* était attendu C'était comme la frise sculptée autour du grand édifice que Bonaparte venait d'élever.

L'ouvrage se compose de quatre parties, qui se divisent elles-mêmes en livres. La première traite des dogmes et de la doctrine ; la seconde développe la poétique du Christianisme ; la troisième continue l'examen des beaux-arts et de la littérature dans leur rapport avec la religion ; la quatrième parle du culte, c'est-à-dire de tout ce qui concerne les cérémonies de l'Eglise et de tout ce qui regarde le clergé C'est beaucoup moins une apologétique qu'une série de tableaux.

Le christianisme de Chateaubriand, encore que très vivant en lui, n'est pas profond. Le théologien et le peintre s'embarrassent mutuellement; ils échangent et confondent leurs arguments. Ainsi son idée première était de donner *Atala* et *René,* comme chapitres du *Génie du Christianisme,* ce qui eût été une faute de goût. *René* lui-même a paru d'abord dans le *Génie,* il n'en a été détaché qu'en 1805.

C'est la première partie de l'ouvrage qui a justement donné le plus de prise à la critique.

Certains arguments, sans faire douter de la sincérité de Chateaubriand, trahissent cependant un oubli de la gravité du sujet. Ailleurs, l'argumentation est insuffisante, presque puérile, si elle n'est pas ridicule. Une vraie chrétienne comme Mme la duchesse de Broglie ne s'y est pas trompée ; et l'on peut lire dans le tome II des Souvenirs de M. de Barante, une lettre d'elle où la faiblesse des développements religieux et théologiques est vivement relevée. Sans doute nous sommes loin de Bossuet et de Pascal. Chateaubriand n'est pas un Père de l'Eglise ; de descriptions en descriptions magnifiques, il arrive à la fin de son livre, où la poésie occupe plus d'espace que la religion. Le vrai titre serait le titre primitif : *Beautés de la Religion chrétienne.*

Le temps voulait cela. L'auteur s'adressait aux générations du xviiie siècle, plus sensibles aux arguments d'imagination qu'aux raisons du fond.

Il s'agissait de charmer et de ramener les cœurs ;
on les ramène plus par les larmes que par la lo-
gique. Chateaubriand lui-même avait pleuré, après
avoir lu la lettre de sa sœur Mme de Farcy, lui
annonçant la mort de leur mère, et il nous dit
que c'est par les larmes qu'il a cru au christianisme. De même la France, en lisant son livre,
fut et resta émue. Le christianisme fut victo-
rieux par l'admiration. En eût-il été de même,
s'il se fût agi de l'œuvre d'un théologien ou même
d'un philosophe ? L'eût-on écouté ?

Les amis de Chateaubriand, même Mme de Beaumont, savaient bien qu'il avait plus d'imagination
brillante que de pensée profonde et vigoureuse ;
et, dans la solitude de Savigny, ils l'engageaient
à s'appliquer plutôt à glorifier la beauté du
christianisme, que d'en prouver la vérité. S'il
n'a pas fait un traité, il a presque écrit un poème ;
et le poème est une œuvre d'art et de critique
d'une haute portée. La poétique du christianisme,
qui tient la plus grande place dans l'ouvrage, est
en réalité le vrai sujet et la partie la plus neuve,
la plus exquise et la plus durable.

Les idées littéraires de Chateaubriand se ra-
mènent, dans leur cause essentielle, à sa vive ré-
pulsion à l'endroit du xviiie siècle. Sur ce point,
dès son retour en France, il avait pris position
dans une circonstance mémorable : Fontanes,
dans des articles du *Mercure*, avait critiqué l'ouvrage de Mme **de** Staël sur la *Littérature*. Celle-ci

MADAME DE BEAUMONT.

crut devoir y répondre en tête de la seconde édition. Chateaubriand, dans une lettre publique, adressée à son ami, intervint, prit à partie la doctrine de la *perfectibilité* et s'en déclara hautement l'adversaire : « Vous n'ignorez pas, disait-il, que ma folie à moi est de voir Jésus-Christ partout, comme Mme de Staël la perfectibilité... Vous savez ce que les philosophes nous reprochent à nous autres gens religieux. Ils disent que nous n'avons pas la tête forte... On m'appellera capucin, mais vous savez que Diderot aimait fort les capucins... » — Après avoir invoqué le nom de Pascal, Chateaubriand ajoutait : « Vous voyez que je commence à me mettre à l'abri sous un grand nom, afin que vous épargniez un peu mes idées étroites et ma superstition antiphilosophique. »

Ne pas prendre le xviiie siècle pour modèle, tel est le fond des doctrines de Chateaubriand. Il rompait avec toute la tradition classique, dont le xviiie siècle était l'héritier direct, et, nous devons ajouter, l'héritier appauvri. Il se montrait par conséquent absolument contraire à l'emploi de la mythologie. « Elle rapetisse la nature. C'est le christianisme qui, en chassant les petites divinités des bois et des eaux, a seul rendu au poète la liberté de représenter les déserts, dans leur liberté première. » Il faisait rentrer dans la littérature la foi religieuse que Boileau en avait exclue, et il demandait un art chrétien, préférant l'architecture gothique à l'architecture grecque, en même temps qu'il plaçait la Bible au premier rang des poèmes.

S'agit-il des rapports de la littérature et de la morale ? Comme le christianisme a eu pour principal effet de renouveler le fonds moral de l'homme, Chateaubriand mettait en infériorité la morale antique qui prescrivait la vertu uniquement par estime de soi-même. Non seulement nos grands littérateurs chrétiens, Pascal et nos sermonnaires, sont replacés sur le piédestal, mais l'inspiration elle-même de notre littérature classique, puisée dans la morale antique et le stoïcisme, est attaquée dans sa source et considérée comme factice. Les œuvres chrétiennes des maîtres, telles que *Polyeucte*, *Athalie*, et même l'*Alzire* de Voltaire, contestées à leur apparition, à cause uniquement de leur caractère, sont remises au sommet. En attestant qu'on ne sépare pas son esprit et son âme, son génie et son cœur, Chateaubriand ne faisait que se prendre lui-même pour exemple, et il soulevait, en d'autres termes, la critique de l'art impersonnel. Grave et opportune question !

Certes, il n'avait pas d'efforts à faire pour affirmer que l'écrivain ne peut jamais exprimer autre chose que ce qu'il est, et que si nos plus grands classiques ont dérobé leurs propres sentiments dans leurs tragédies, c'est avec leur âme qu'ils ont senti ; mais c'est l'unité de la vie littéraire de

Chateaubriand, que même dans le livre le plus didactique qu'il ait conçu, les traces de sa personnalité sont visibles. Être moderne, être soimême, être chrétien, en littérature, c'était, comme doctrine, la plus éclatante rupture avec l'esprit de l'antiquité et avec les écrivains des XVIIe et XVIIIe siècles. C'est en ce sens que le *Génie du Christianisme* apportait une véritable révolution. Qui ne voit que tout le *Romantisme*, les *Méditations poétiques*, les *Feuilles d'automne*, *Eloa* et bien d'autres œuvres encore, sont sorties de là ?

Chateaubriand n'a retenu du passé qu'un vieux ressort, une machine usée, au service de l'épopée : nous voulons parler du merveilleux. Sur ce point spécial, imitant les anciens, il est remonté au moyen âge, a tenté de ressusciter le merveilleux chrétien, avec Dieu, la Vierge, les anges et les démons. Il ne s'est pas aperçu qu'il était dans cette tentative en pleine contradiction avec luimême ; que la foi religieuse est un sentiment personnel dont la sincérité exclut l'artificiel ; qu'autre chose est d'être inspiré par ce sentiment, et autre chose de décrire un paradis, un enfer, un purgatoire, dans un temps de libre examen, de critique scientifique et de raison absolue. » La « vraie poésie chrétienne, a dit M. Faguet, est « dans la peinture de ces grandes âmes qu'envahit « peu à peu et inonde le mystère redoutable et « infini qu'elles portent en elles. » Le sentiment religieux se suffit à lui-même et n'a pas besoin de voir par les yeux le côté extérieur des choses invisibles.

C'est le point faible des idées littéraires de Chateaubriand ; mais dans l'ensemble, leur force, leur originalité, leur fécondité n'en sont pas diminuées. Qu'on ne croie pas que ce soit sous une forme didactique et pédante qu'il les ait exposées. En véritable artiste, pour ne pas fatiguer l'esprit du lecteur, il a composé son livre d'une façon merveilleuse. Nous ne prendrons pas de citations dans les chapitres où le théologien et le peintre échangent et confondent leurs arguments, « où, quand la preuve fait défaut, l'image est là « pour faire le compte ». Au milieu de pages brillantes et ingénieuses, quand l'auteur étale trop son érudition, et elle est souvent incomplète et insuffisante, on a justement signalé, comme offrant une large prise à la critique, des passages entiers. Sans doute Chateaubriand a pris soin d'en élaguer dans les éditions dernières ; mais il reste encore bien des défauts, que l'écrivain recouvre, par places, de beautés de forme qui parfois sentent la rhétorique. Heureusement que le *Grand Solitaire* et le *Célibataire des mondes* ont disparu.

Si l'on veut comparer, avec un autre maître dans l'art de peindre, on pourra choisir, en se souvenant de Buffon, ce tableau où Chateaubriand n'est pas inférieur :

« Lorsque les premiers silences de la nuit et les derniers murmures du jour luttent sur les coteaux, au bord des fleuves, dans les bois et dans les vallées, lorsque les forêts se taisent par degrés, que pas une feuille, pas une mousse ne soupire, que la lune est dans le ciel, que l'oreille de l'homme est attentive, le premier chantre de la création entonne ses hymnes à l'Eternel. D'abord il frappe l'écho des brillants éclats du plaisir ; le désordre est dans ses chants. Il saute du grave à l'aigu, du doux au fort ; il est lent, il est vif : c'est un cœur que la joie enivre, un cœur qui palpite sous le poids de l'amour. Mais, tout à coup, la voix tombe, l'oiseau se tait. Il recommence ! Que ses accents sont changés ! Quelle tendre mélodie ! Tantôt ce sont des modulations languissantes, quoique variées ; tantôt c'est un air un peu monotone, comme celui de ces vieilles romances françaises, chefs-d'œuvre de simplicité et de mélancolie. Le chant est aussi souvent la marque de la tristesse que de la joie ! L'oiseau qui a perdu ses petits chante encore ; c'est encore l'air du temps du bonheur qu'il redit, car il n'en sait qu'un ; mais, par un coup de son art, le musicien n'a fait que changer la clef, et la cantate du plaisir est devenue la complainte de la douleur. »

Mais nous préférons montrer Chateaubriand dans l'expression de sentiments qui ne sont qu'à lui :

« Quelle est cette grande dame qui repose ici près de son époux ? L'un et l'autre sont habillés dans toute la pompe gauloise ; un coussin supporte leurs têtes, et leurs têtes sont si appesanties par les pavots de la mort, qu'elles ont fait fléchir cet oreiller de pierre ; heureux si ces deux époux n'ont point eu de confidences pénibles à se faire sur le lit de leur hymen funèbre ! Au fond de cette chapelle retirée, voici quatre écuyers de marbre bardés de fer, armés de toutes pièces, les mains jointes et à genoux aux quatre coins de l'entablement d'un tombeau. Est-ce toi, Bayard, qui rendais la rançon aux vierges, pour les marier à leurs amants? Est-ce toi, Beaumanoir, qui buvais ton sang, à la bataille des Trente? Est-ce quelque autre chevalier qui sommeille ici? Ces écuyers semblent prier avec ferveur, car ces vaillants hommes, antique honneur du nom français, tout guerriers qu'ils étaient, n'en craignaient pas moins Dieu du fond du cœur! C'était en criant : *Montjoie* et *Saint-Denis*, qu'ils arrachaient la France aux Anglais et faisaient des miracles de vaillance pour l'Eglise, leur Dame et leur Roi. »

Continuons la lecture de ce titre xi, tome III. Il s'agit des tombeaux de Saint-Denis :

« Si tout à coup, jetant à l'écart le drap mortuaire qui les couvre, ces monarques allaient se dresser dans leurs sépulcres, et fixer sur nous leurs regards à la lueur de cette lampe!... Oui, nous les voyons tous se lever à demi, ces spectres de rois ; nous les reconnaissons, nous osons interroger ces majestés du tombeau. Hé bien! peuple royal de fantômes, dites-le-nous : Voudriez-vous revivre maintenant au prix d'une couronne? Le trône vous tente-t-il encore?.... Mais d'où vient ce profond silence? D'où vient que vous êtes tous muets sous ces voûtes? Vous secouez vos têtes royales, d'où tombe un nuage de poussière ; vos yeux se referment et vous vous recouchez lentement dans vos cercueils ! . . . . .
« Mais où nous entraîne la description de ces tombeaux déjà effacés de la terre? Elles ne sont plus, ces sépultures! Les petits enfants se sont joués avec les os des puissants monarques; Saint-Denis est désert ; l'oiseau l'a pris pour passage, l'herbe croît sur ses autels

brisés, et au lieu du cantique de la mort, qui retentissait sous ses dômes, on n'entend plus que des gouttes de pluie qui tombent par son toit découvert, la chute de quelque pierre qui se détache de ses murs en ruine, ou le son de son horloge, qui va roulant dans les tombeaux vides et les souterrains dévastés. »

Il est un autre côté de son esprit que montre Chateaubriand, dans la seconde et la troisième partie de son beau livre, et qui n'est pas moins digne de remarque.

Sans abandonner sa thèse sur la supériorité du christianisme vis-à-vis de tout ce qui l'a précédé, en littérature, en poésie, en beaux-arts, il a senti l'antiquité et il en a rappris à notre pays le chemin. Sans doute « c'est par l'imagination plutôt que « par la science qu'il y ramenait le public »; mais qu'importe? Il a atteint le but, la mode l'a suivi; la chaîne de la tradition, comme on l'a dit, fut renouée. Il faut se garder de penser que Chateaubriand soit insuffisant, en traitant un pareil sujet. Les maîtres de la critique reconnaissent que l'expression des sentiments et des beautés classiques n'a pas été poussée plus loin et que Chateaubriand a trouvé pour les apprécier des nuances exquises. Nous ne saurions mieux l'établir qu'en empruntant les phrases saillantes à la comparaison de Virgile et de Racine !

« Ces deux grands poètes ont tant de ressemblances, qu'ils pourraient tromper jusqu'aux yeux de la Muse,

comme ces jumeaux de l'Enéide qui causaient de douces
méprises à leur mère.

« Tous deux polissent leurs ouvrages avec le même
soin, tous deux sont pleins de goût, tous deux hardis, et
pourtant naturels dans l'expression, tous deux sublimes
dans la peinture de l'amour ; et, comme s'ils s'étaient
suivis pas à pas, Racine a fait entendre dans *Esther* je
ne sais quelle suave mélodie, dont Virgile a pareillement
rempli sa seconde églogue, mais toutefois avec la différence qui se trouve entre la voix de la jeune fille et celle
de l'adolescent, entre les soupirs de l'innocence et ceux
d'une passion criminelle.

« Voilà peut-être en quoi Virgile et Racine se ressemblaient ; voici peut-être en quoi ils diffèrent :

« Le second est en général supérieur au premier dans
l'invention des caractères : Agamemnon, Achille, Oreste,
Mithridate, Acomat, sont fort au-dessus des héros de
l'*Enéide*. Enée et Turnus ne sont beaux que dans deux
ou trois moments ; Mézence seul est fièrement dessiné.

« Cependant, dans les peintures douces et tendres,
Virgile retrouve son génie : Evandre, ce vieux roi d'Ar-
cadie, qui vit sous le chaume, et que défendent deux
chiens de berger, au même lieu où les Césars, entourés
des prétoriens, habiteront un jour leur palais ; le jeune
Pallas, le beau Nausus, Nisus et Euryale sont des personnages divins.

« Dans les caractères de femmes, Racine reprend la
supériorité : Agrippine est plus ambitieuse qu'Amate,
Phèdre plus passionnée que Didon.

« Nous ne parlons point d'*Athalie*, parce que Racine,
dans cette pièce, ne peut être comparé à personne : c'est
l'œuvre le plus parfait du génie inspiré par la religion.

« Mais, d'un autre côté, Virgile a pour certains lecteurs un avantage sur Racine ; sa voix, si nous osons
nous exprimer ainsi, est plus gémissante, et sa lyre plus

plaintive. Ce n'est pas que l'auteur de *Phèdre* n'eût été capable d'éprouver cette sorte de mélodie des soupirs. Le rôle d'Andromaque, Bérénice tout entière, quelques stances des cantiques imités de l'Ecriture, plusieurs strophes des chœurs d'*Esther* et d'*Athalie* montrent ce qu'il aurait pu faire dans ce genre ; mais il vécut trop à la ville, pas assez dans la solitude. La cour de Louis XIV, en lui donnant la majesté des formes et en épurant son langage, lui fut peut-être nuisible sous d'autres rapports; elle l'éloigna trop des champs et de la nature.

« Nous avons déjà remarqué qu'une des premières causes de la mélancolie de Virgile fut sans doute le sentiment des malheurs qu'il éprouva dans sa jeunesse. Chassé du toit paternel, il garda toujours le souvenir de sa Mantoue ; mais ce n'était plus le Romain de la République, aimant son pays à la manière dure et âpre des Brutus : c'était le Romain de la monarchie d'Auguste, le rival d'Homère et le nourrisson des Muses. Virgile cultiva ce germe de tristesse, en vivant seul au milieu des bois. Peut-être faut-il encore ajouter à cela des défauts particuliers. Nos défauts moraux ou physiques influent beaucoup sur notre humeur, et sont souvent la cause du ton particulier que prend notre caractère....... Il semble qu'en approchant du tombeau, le cygne de Mantoue mit dans ses accents quelque chose de plus céleste, comme les cygnes de l'Eurotas, consacrés aux Muses, qui avant d'expirer avaient, selon Pythagore, une vision de l'Olympe, et témoignaient leur ravissement par des chants harmonieux.

« Virgile est l'ami du solitaire, le compagnon des heures secrètes de la vie. Racine est peut-être au-dessus du poète latin parce qu'il a fait *Athalie* ; mais le dernier a quelque chose qui remue plus doucement le cœur. On admire plus l'un, on aime plus l'autre.

« Le premier a des douleurs trop royales.

« Le second parle davantage à tous les rangs de la
société.

« En parcourant les tableaux des vicissitudes humaines tracées par Racine, on croit errer dans les parcs
abandonnés de Versailles ; ils sont vastes et tristes ;
mais, à travers leur solitude, on distingue la main régu-
lière des arts et les vestiges des grandeurs.

« Les tableaux de Virgile, sans être moins nobles, ne
sont pas bornés à de certaines perspectives de la vie ; ils
représentent toute la nature ; ce sont les profondeurs,
l'aspect des montagnes, les rivages de la mer, où des
femmes exilées regardent en pleurant l'immensité des
flots :

> « .... Cunctæque profundum
> Pontum adspectabant flentes. »

C'est par ces côtés, qu'on ne signale plus assez à
l'admiration, que Chateaubriand est un grand
lettré.

Pascal avait dit qu'à ceux qui ont de la répugnance pour la religion, il fallait commencer par
leur montrer qu'elle est vénérable et en donner le
respect ; après, la rendre aimable et faire souhai-
ter qu'elle fût vraie ; et puis, montrer par des
preuves incontestables qu'elle est vraie. Chateaubriand a satisfait aux deux premières condi-
ditions de Pascal ; s'il a fait quelques omissions,
s'il n'a pas tiré parti pour sa cause du Dante et
de Pétrarque, il reconnaît lui-même que dans les
arts ce qu'il a dit est étriqué et faux. A cette époque
il n'avait vu ni l'Italie, ni la Grèce, ni l'Egypte. Il
n'a pas fait, comme le lui reproche justement Gin-

guené, un chapitre sur les services rendus par le sentiment religieux à la musique, « la langue dans laquelle causent les anges ». Il n'a connu ni le *Miserere* de Palestrina, ni les *Psaumes* de Marcello, ni le *Stabat* de Pergolèse, ni même le *Requiem* d'un de ses contemporains qui s'appelait Mozart. Mais toutes ces observations ne diminuèrent pas l'autorité du *Génie du Christianisme*. La critique de ce beau livre a été spirituellement faite par Joubert, dans une lettre à Mme de Beaumont;

« Dites-lui que c'est moins de son savoir que de son génie qu'on est curieux ; que c'est de la beauté et non de la vérité qu'on cherchera dans son ouvrage ; que son esprit seul, et non pas sa doctrine, en pourra faire la fortune ; qu'enfin il compte sur Chateaubriand, pour faire aimer le christianisme, et non pas sur le christianisme pour faire aimer Chateaubriand... Notre ami n'est pas un tuyau comme tant d'autres ; c'est une source, et je veux que tout paraisse jaillir de lui ; ses citations sont pour la plupart des maladresses ; quand elles deviennent des nécessités, il faut les jeter dans des notes. Ecrivain en prose, M. de Chateaubriand ne ressemble pas aux autres prosateurs ; par la puissance de sa pensée et de ses mots, sa prose est de la musique et des vers. Qu'il fasse son métier ; qu'il nous enchante ! Il rompt trop souvent les cercles tracés par sa magie. »

Chateaubriand a suivi le conseil de Joubert, sur un autre point encore. Cet Athénien, touché de la grâce socratique, épris de sainteté et de beau idéal, avait agi, dans ses conversations, sur son ami ; il avait incliné son goût vers l'antiquité. Si la poétique de Chateaubriand est chrétienne, il a néanmoins lu l'*Iliade* et l'*Œdipe Roi*, Homère et Sophocle, parce qu'il est épris avant tout de noblesse et d'harmonie ; il n'a jamais voulu admettre le laid, comme partie intégrante de l'œuvre d'art. La révolution littéraire qu'il a entreprise, ne va pas jusqu'à déformer la tradition, il la renouvelle. Mais s'il soutient la théorie de l'unité dramatique, il combat le mélange du bouffon et du tragique. Ses fils romantiques et surtout le plus célèbre d'entre eux, ont dépassé les idées de leur ancêtre, tout en acceptant sa succession.

Chateaubriand n'a pas fléchi davantage jusqu'au bout de son œuvre, dans son antipathie pour l'école voltairienne et pour cette doctrine de la perfectibilité, qu'en vertu de son scepticisme, il avait attaquée dans l'*Essai* et qu'il réfute dans le *Génie du Christianisme*, en vertu de sa foi chrétienne : c'est l'idée maîtresse du livre. Il rétablit les vraies distances troublées par l'engouement des contemporains, et rabaisse les noms qui avaient été placés trop haut.

Pour ne pas le quitter, sans en garder une impression de poésie digne de la Grèce, relisons ces lignes empruntées au chapitre où les migrations de certains oiseaux, comme les cygnes, sont comparées à l'émigration des hommes, ces lignes qui sont belles, comme une épigramme de Léonidas de Tarente :

« Ce n'est pas toujours en troupes que les oiseaux visitent nos demeures ; quelquefois deux beaux étrangers, aussi blancs que de la neige, arrivent avec des frimas ; ils descendent au milieu des bruyères, dans un lieu découvert, et dont on ne peut approcher sans être aperçu ; après quelques heures de repos, ils remontent sur les nuages. Vous courez à l'endroit d'où ils sont partis et vous n'y trouvez que quelques plumes, seule marque de leur passage, que le vent a déjà dispersées. Heureux le favori des Muses, qui, comme le cygne, a quitté la terre sans y laisser d'autres débris et d'autres souvenirs que quelques-unes de ses ailes ! »

Nous le reconnaissons à cette grâce exquise : c'est le jeune homme qui emportait dans son sac un Homère en s'enrôlant dans l'armée des princes ; c'est le frère de Lucile, lorsque, couché dans les roseaux au bord de l'étang de Combourg, les soirs d'automne, il suivait des yeux, dans le ciel, la longue file des canards sauvages et des hirondelles qui partaient.

Pendant la première moitié de ce siècle, le *Génie du Christianisme* a été entre toutes les mains ; si la langue n'a pas atteint, dans toutes les pages, la perfection qu'elle aura dans *René* et les parties saillantes des *Martyrs*, elle est en continu progrès, et Chateaubriand, à 32 ans, est en pleine possession de la gloire.

CHAPITRE VIII.

René ne peut être comparé à rien.

Perdu dans le *Génie du Christianisme*, il ne prit tout son éclat que lorsqu'il fut publié en 1805, dans une édition spéciale qui comprenait *Atala*.

On peut de nos jours se laisser aller sans crainte au charme indicible de *René* ; on est guéri de sa maladie. Si les jeunes générations ont un travers, ce n'est plus de s'isoler des hommes et de s'abandonner aux songes. On ne se jette plus dans le vague de la vie, et les conséquences de l'amour outré de la solitude ne sont plus à redouter.

C'est bientôt fait de dire que *René* est le représentant de la rêverie qui tue l'action : *René* est tout autre chose. C'est une œuvre purement psychologique ; elle est l'image d'un état d'âme général et d'un état d'âme particulier.

René est le livre d'un jeune homme, fils d'une vieille société désappointée, qui porte en lui tous les ennuis et les chagrins de la civilisation, et qui retournerait volontiers vivre avec les sauvages dans les forêts d'Amérique. Ce mélange de sentiments raffinés et de goûts qui ne le sont pas, fait de René un personnage à part.

Le désordre d'une âme inquiète et rêveuse n'était pas rare au commencement du xixe siècle. Dans la jeunesse de presque tous les hommes intelligents de ce temps-là, il y eut un moment où un grand vide était dans le cœur. Ce vide provenait à la fois du dégoût et du besoin des passions ; il en éloignait et il y ramenait. C'était l'incertitude des âmes, a-t-on dit, qui ne savaient ce qu'elles devaient sentir ou ce qu'elles devaient choisir, de la religion ou de la gloire, de l'amour ou de la mort. Quelques pages d'Alfred de Musset, au début de la *Confession d'un enfant du siècle*, rendent assez exactement cet état psychologique.

Durant plusieurs années, cette sorte de maladie morale troublait la vie. Il était rare, cependant, qu'en dehors de certain milieu, la légèreté humaine lui laissât prendre un caractère continu, un développement régulier. Les luttes amenaient la guérison ; chez les plus forts, le malaise se tournait en oisiveté ; ils se vengeaient d'eux-mêmes et des autres, en cherchant à souffrir, ne s'apercevant pas qu'ils faisaient souffrir ce qui les entourait ; d'autres enfin ne guérirent jamais ; c'était le petit nombre.

A ces circonstances générales, René joint un état d'âme particulier, provenant de son éduca-

tion, de sa race, des lieux qu'il a habités, des
fortes impressions que son adolescence malheureuse lui a laissées, de ses rêveries prolongées
dans la solitude, auprès d'une jeune fille mala-
dive, tendre et exaltée, — de son besoin d'action,
d'abord contrarié, et qui finissait par l'emporter à
vingt ans dans le Nouveau-Monde.

Il résulte de tout cela l'impuissance d'aimer
quoi que ce soit fortement. « Ce n'est pas l'amour
« qu'on inspire qui satisfait l'âme, c'est celui
« qu'on ressent. »

On connaît le *type* immortel qui est sorti du
cerveau de Chateaubriand : René est beau, triste,
solitaire, mais avec la flamme. Par la fierté de
son âme, par sa grâce mélancolique, il attire, il
charme, que dis-je ! il fascine ; il se laisse aimer,
et toutes les femmes qui l'aiment, Amélie, Céluta,
Velléda, en meurent; et il prend soin d'expliquer
à l'une d'elles, que son amour dévore et consume :

« Ne croyez pas que de faibles embrassements puissent
effacer de votre âme ceux de René !... Qui pourrait vous
environner de cette flamme que je porte avec moi, même
en n'aimant pas ?... Je t'ai tout ravi en te donnant tout,
ou plutôt en ne te donnant rien ; car une plaie incurable
était au fond de mon âme. »

Et il faut le reconnaître, le roman et la réalité
se sont tenus étroitement dans la vie de Chateaubriand.

Tous ces êtres que Byron a immortalisés, Lara, Manfred, Child Harold, tous ces fronts sillonnés par la foudre sont de sa descendance.

Le *type* a disparu ; mais le livre est resté, et il est resté admirable. Quoique un peu arrangée et déguisée, c'est son histoire que Chateaubriand raconte. Le nom même de René est son propre nom.

« Timide et contraint devant mon père, je ne trouvais l'aise et le contentement qu'auprès de ma sœur Amélie. Une douce conformité d'humeur et de goûts m'unissait étroitement à cette sœur ; elle était un peu plus âgée que moi. Nous aimions à gravir les coteaux ensemble, à voguer sur le lac, à parcourir les bois à la chute des feuilles : promenades dont le souvenir remplit encore mon âme de délices. O illusions de l'enfance et de la patrie, ne perdez-vous jamais vos douceurs ?

« Tantôt nous marchions en silence, prêtant l'oreille au sourd mugissement de l'automne, ou au bruit des feuilles séchées que nous traînions tristement sous nos pas ; tantôt, dans nos jeux innocents, nous poursuivions l'hirondelle dans la prairie, l'arc-en-ciel sur les collines pluvieuses ; quelquefois nous murmurions des vers que nous inspirait le spectacle de la nature. Jeune, je cultivais les muses ; il n'y a rien de plus poétique, dans la fraîcheur de ses passions, qu'un cœur de seize années. »

Il faudrait tout citer.

René n'est point un homme aigri, c'est son imagination qui l'a jeté hors des routes battues.

Hormis, plus tard, dans sa carrière politique,
sa vanité n'est pas vindicative.

Il trace d'avance son *Itinéraire* qu'il n'accom-
plira qu'en 1807 :

« Cependant, plein d'ardeur, je m'élançai seul sur cet
orageux océan du monde, dont je ne connaissais ni les
ports, ni les écueils. Je visitai d'abord les peuples qui ne
sont plus. Je m'en allai m'asseyant sur les débris de Rome
et de la Grèce, pays de forte et d'ingénieuse mémoire,
où les palais sont ensevelis dans la poudre et les mausolées
des rois cachés sous les ronces. Force de la nature et
faiblesse de l'homme ! Un brin d'herbe perce souvent le
marbre le plus dur de ces tombeaux, que tous ces morts
si puissants ne soulèveront jamais !

« Quelquefois une haute colonne se montrait seule
debout dans un désert, comme une grande pensée s'é-
lève par intervalle, dans une âme que les temps et le
malheur ont dévastée.....

« Je recherchai surtout dans mes voyages les artistes
et les hommes divins qui chantent les dieux sur la lyre et
la félicité des peuples qui honorent les lois, la religion
et les tombeaux. Ces chantres sont de race divine ; ils
possèdent le seul talent incontestable dont le ciel ait fait
présent à la terre. Leur vie est à la fois naïve et sublime ;
ils célèbrent les dieux avec une bouche d'or et sont les
plus simples des hommes ; ils causent comme des immortels ou, comme de petits enfants, ils expliquent les
lois de l'univers et ne peuvent comprendre les affaires
les plus innocentes de la vie ; ils ont des idées merveilleuses de la mort et meurent sans s'en apercevoir, comme
des nouveau-nés. »

Il est traduit en traits ineffaçables, cet état

moral où la solitude absolue et le spectacle de cette nature de Bretagne plongent René, accablé d'une surabondance de vie, subissant avec une énergie singulière la crise de l'adolescence, demandant aux vents, à la vallée, à la montagne, aux étoiles même, l'idéal objet de ses désirs. René ne sait prendre aucun parti, il ne s'intéresse qu'à ses songes, et alors arrivent ces belles phrases, avec le cri passionné qui les termine :

« L'automne me surprit au milieu de ces incertitudes : j'entrai avec ravissement dans les mois des tempêtes. Tantôt j'aurais voulu être un de ces guerriers errant au milieu des vents, des nuages et des fantômes ; tantôt j'enviais jusqu'au sort du pâtre que je voyais réchauffer ses mains à l'humble feu de broussailles qu'il avait allumé au coin d'un bois. J'écoutais ses chants mélancoliques, qui me rappelaient que, dans tout pays, le chant naturel de l'homme est triste, lors même qu'il exprime le bonheur. Notre cœur est un instrument incomplet, une lyre où il manque des cordes, et où nous sommes forcés de rendre les accents de la joie sur le ton consacré aux soupirs.

« Le jour, je m'égarais sur de grandes bruyères terminées par des forêts. Qu'il fallait peu de chose à ma rêverie ! une feuille séchée que le vent chassait devant moi ; une cabane dont la fumée s'élevait dans la cime dépouillée des arbres, la mousse qui tremblait au souffle du Nord sur le tronc d'un chêne, une roche écartée, un étang désert où le jonc flétri murmurait ! Le clocher solitaire s'élevant au loin dans la vallée a souvent attiré mes regards ; souvent j'ai suivi des yeux les oiseaux de passage qui volaient au-dessus de ma tête ; je me figurais les bords éloignés, les climats lointains où ils se rendent ;

j'aurais voulu être sur leurs ailes. Un secret instinct me tourmentait ; je sentais que je n'étais moi-même qu'un voyageur ; mais une voix du ciel semblait me dire : « Homme, la saison de tes migrations n'est pas encore venue : attends que le vent de la mort se lève, alors tu déploieras ton vol vers ces régions inconnues que ton cœur demande... »

« Levez-vous vite, orages désirés, qui devez emporter René dans les espaces d'une autre vie ! Ainsi disant, je marchais à grands pas, le visage enflammé, le vent soufflant dans ma chevelure, ne sentant ni pluie, ni frimas, enchanté, tourmenté, et comme possédé par le démon de mon cœur. »

Dégoûté de tout, René est décidé à en finir avec la vie. C'est alors qu'Amélie se jette dans ses bras et lui dit :

« Ingrat, tu veux mourir et ta sœur existe ! Tu soupçonnes son cœur ! Ne t'explique point, ne t'excuse point ; je sais tout, j'ai tout compris, comme si j'avais été avec toi. Est-ce moi que l'on trompe, moi qui ai vu naître tes premiers sentiments ? Voilà ton malheureux caractère, tes dégoûts, tes injustices. Jure, pendant que je te presse sur mon cœur, jure que c'est la dernière fois que tu te livreras à tes folies ; fais le serment de ne jamais attenter à tes jours !... Nous fûmes plus d'un mois à nous accoutumer à l'enchantement d'être ensemble. Quand le matin, au lieu de me trouver seul, j'entendais la voix de ma sœur, j'éprouvais un tressaillement de joie et de bonheur. Amélie avait reçu de la nature quelque chose de divin ; son âme avait les mêmes grâces innocentes que son corps ; la douceur de ses sentiments était infinie : il n'y avait rien que de suave et d'un peu rêveur dans son

esprit ; on eût dit que son cœur, sa pensée et sa voix
soupiraient comme de concert ; elle tenait de la femme
la timidité et l'amour, et de l'ange la pureté et la mélodie. »

A coup sûr, c'était la première fois qu'en littérature, un malheur semblable à celui que René va
éprouver, osait se raconter. Les amis de Chateaubriand avaient trouvé à redire à cet excès d'imagination et à ce je ne sais quoi de mystérieux
qu'il laissait planer. Une lettre de Joubert est
curieuse à consulter sur ce point ; mais Chateaubriand, avec sa superbe insouciance d'artiste,
n'y voyait que le beau côté romanesque.

Le récit s'achève avec cette page de la plus
haute éloquence :

« … L'ordre était donné pour le départ de la flotte ;
déjà plusieurs vaisseaux avaient appareillé au baisser du
soleil ; je m'étais arrangé pour passer la dernière nuit
à terre, afin d'écrire une lettre d'adieux à Amélie. Vers
minuit, tandis que je m'occupe de ce soin, et que je mouille
mon papier de mes larmes, le bruit des vents vient frapper
mon oreille. J'écoute, et au milieu de la tempête, je distingue les coups du canon d'alarme, mêlés au glas de la
cloche monastique. Je vole sur le rivage où tout était
désert, et où l'on n'entendait que le rugissement des flots,
je m'assieds sur un rocher. D'un côté s'étendent des
vagues étincelantes, de l'autre les murs sombres du monastère se perdent confusément dans les cieux ; une petite
lumière paraissait à la fenêtre grillée. Etait-ce toi, ô mon
Amélie, qui, prosternée au pied du crucifix, priais le
Dieu des orages d'épargner ton malheureux frère ? La

tempête sur les flots, le calme dans ta retraite ; des hommes brisés sur des écueils, au pied de l'asile que rien ne peut troubler ; l'infini de l'autre côté du mur d'une cellule ; les fanaux agités des vaisseaux, le phare immobile du couvent ; l'incertitude des destinées du navigateur, la Vestale connaissant dans un seul jour tous les jours futurs de sa vie ; d'une autre part, une âme telle que la tienne, ô Amélie, orageuse comme l'océan ; un naufrage plus affreux que celui du marinier ; tout ce tableau est encore profondément gravé dans ma mémoire. Soleil de ce ciel nouveau, maintenant témoin de mes larmes, échos du rivage américain qui répétez les accents de René, ce fut le lendemain de cette nuit terrible qu'appuyé sur le gaillard de mon vaisseau, je vis s'éloigner pour jamais ma terre natale ! je contemplai longtemps sur la côte le dernier balancement des arbres de la patrie, et les faîtes du monastère qui s'abaissaient à l'horizon. »

Les paroles du vénérable Père Souël qui suivent ces aveux, bien qu'élevées et sévères, étaient surtout faites pour préparer l'introduction de l'épisode de *René* dans le *Génie du Christianisme*. Malgré toutes ces précautions littéraires, ces pages empoisonnées et pénétrantes n'étaient pas à leur place.

Tel qu'il est, René n'a rien perdu de son originalité, de son éclat, de sa grandeur. Ses effusions brûlantes troublent encore, et c'est le seul secret de plaire.

Sans doute cette recherche inquiète et désolée d'un objet inconnu et indéfinissable n'est guère comprise dans notre société de plus en plus démocratique, affairée et emmiettée ; sans doute le mélancolique René aimant l'amour et ne voulant pas avoir le souci d'aimer, par crainte de perdre son rêve, paraîtrait un être bizarre et peu pratique ; mais il a une telle noblesse d'accent, un si parfait dédain du bonheur, que les âmes qui gardent de la jeunesse seront toujours invinciblement entraînées par lui et ne cesseront pas de l'admirer. N'y a-t-il donc plus d'âmes cachées qui connaissent à tout âge les désenchantements et les douleurs morales? N'y a-t-il plus de ces esprits qui ont placé haut le but à atteindre et qui se désespèrent de leur impuissance ? Quelque petit qu'en soit le nombre, est-ce qu'il n'existe pas des créatures privilégiées pour la souffrance ?

Tous ceux-là aimeront et comprendront René.

Mais la crise aiguë a cessé. La vraie maladie a duré 50 ans ; elle avait atteint les plus nobles individualités ; elle a pris fin avec le romantisme; Et nous nous plaisons à citer ces lignes de Sainte-Beuve qui rendent le sentiment de sa génération sur ce que l'on appelait le mal de René, après qu'il eut disparu :

« Non, ce n'est jamais nous, ô René, qui parlerons de vous autrement que nous avons accoutumé ; nous sommes vos fils ; notre gloire est d'être appelés votre race ; notre enfance a rêvé par vos rêveries, notre adolescence s'est agitée par vos troubles, et le même aquilon nous a soulevés. Quand le génie de la prière et de la foi est venu vers nous, un rameau à la main, c'est par vous qu'il nous est apparu ; il avait un éclat tout nouveau qui nous a séduits ; nos inconstances ont été les vôtres. Ne soyez jamais renié par votre race, ô René! Soyez dans cette tombe tant souhaitée, à jamais honoré **par** nous. »

Nous n'avons rien à retrancher de ces paroles inspirées à *Joseph Delorme* par « le poète mort jeune en qui l'homme survivait ». C'est une sorte de noblesse morale d'avoir appartenu à cette race-là.

CHAPITRE IX.

LES MARTYRS

C'était une grande entreprise que tentait Chateaubriand en écrivant les *Martyrs*.

Il avait avancé dans le *Génie du Christianisme* que la religion chrétienne lui paraissait plus favorable que le paganisme au développement des caractères et au jeu des passions dans l'épopée. Il avait dit encore que le merveilleux chrétien pouvait lutter contre le merveilleux emprunté à la mythologie. Ce sont ces opinions qu'il chercha à appuyer par un exemple.

Il avait conçu l'idée de ce livre pendant son premier séjour à Rome ; le germe se trouve dans une lettre célèbre, une de ses productions les plus achevées, la lettre à Fontanes sur la Ville éternelle et sur la Campagne romaine. Nous en citerons quelques lignes, parce que Chateaubriand ne s'est jamais élevé plus haut comme paysagiste :

« Vous croirez peut-être qu'il n'y a rien de plus affreux que les campagnes romaines ? vous vous tromperiez beaucoup : elles ont une inconcevable grandeur ; on est toujours prêt, en les regardant, à s'écrier avec Virgile :

> Salve, magna parens frugum, saturnia Tellus,
> Magna virum !

« Si vous les voyez en économiste, elles vous désoleront ; si vous les contemplez en artiste, en poète, et même en philosophe, vous ne voudriez peut-être pas qu'elles fussent autrement. L'aspect d'un champ de blé ou d'un coteau de vigne ne vous donnerait pas d'aussi fortes émotions que la vue de cette terre dont la culture moderne n'a pas rajeuni le sol, et qui est demeurée antique comme les ruines qui la couvrent.

« Rien n'est comparable pour la beauté aux lignes de l'horizon romain, à la douce inclinaison des plans, aux contours suaves et fuyants des montagnes qui le dominent. Souvent les vallées dans la campagne prennent la forme d'une arène, d'un cirque, d'un hippodrome. Les coteaux sont taillés en terrasses, comme si la main puissante des Romains avait remué toute cette terre. Une vapeur particulière, répandue dans les lointains, arrondit les objets et dissimule ce qu'ils pourraient avoir de dur ou de heurté dans leurs formes. Les ombres ne sont jamais lourdes et noires ; il n'y a pas de masses si obscures de rochers et de feuillages, dans lesquelles il ne s'insinue toujours un peu de lumière. Une teinte singulièrement harmonieuse marie la terre, le ciel et les eaux : toutes les surfaces, au moyen d'une gradation insensible de couleurs, s'unissent par leurs extrémités, sans qu'on puisse déterminer le point où une nuance finit et où l'autre commence. Vous avez sans doute admiré dans les paysages de Claude Lorrain cette lumière qui semble idéale et plus belle que la nature ? Eh bien, c'est la lumière de Rome.

« Je ne me lassais pas de voir à la villa Borghèse le soleil se coucher sur les cyprès du mont Marius et sur les pins de la villa Pamphili, plantés par Le Nôtre. J'ai souvent aussi remonté le Tibre à Ponte-Mole, pour jouir de cette grande scène de la fin du jour. Les sommets des montagnes de la Sabine apparaissaient alors de lapis-lazuli et d'opale, tandis que leurs bases et leurs flancs sont noyés dans une vapeur d'une teinte violette et purpurine. Quelquefois de beaux nuages, comme des chars légers, portés sur le vent du soir avec une grâce inimitable, font comprendre l'apparition des habitants de l'Olympe sous ce ciel mythologique ; quelquefois l'antique Rome semble avoir étendu dans l'occident toute la pourpre de ses consuls et de ses Césars, sous les derniers pas du Dieu du jour. »

Et la lettre se continue avec cette haute inspiration.

Personne n'a plus aimé la Rome d'avant l'unité italienne, que Chateaubriand ; personne n'a mieux compris que quiconque n'avait plus de liens dans la vie, devait venir y demeurer. René y trouvait pour société une terre qui nourrissait ses réflexions et qui occupait son cœur, des promenades qui lui disaient toujours quelque chose. La pierre qu'il foulait aux pieds lui parlait, la poussière que le vent élevait sous ses pas renfermait quelque grandeur humaine. Ceux qui ont visité cette Rome-là, avant sa transformation en ville moderne, ne l'oublieront jamais ! « Elle avait l'air de se lever pour vous de la tombe où elle était couchée. » C'est au milieu de ces grandeurs silencieuses et solitaires, puis en présence des enchantements de la baie de Naples, quelques semaines après la mort de Mme de Beaumont, que Chateaubriand conçut le plan des *Martyrs*. Pour compléter ses images, ou du moins pour en renouveler sa provision, il avait en 1806 , nous le savons, visité la Grèce, l'Orient, Jérusalem, retrouvé sur les ruines de l'Alhambra et dans les jardins du Généralife, une des ses muses. Jamais livre ne fut plus travaillé. Chateaubriand dit, dans ses *Mémoires*, qu'il a cent et cent fois fait, défait et refait la même page. Tous ses amis, Fontanes, Berlin, Guéneau de Mussy, Chênedollé, Joubert, Molé, même Boissonade et Malte-Brun, avaient été consultés. L'ouvrage parut au printemps de 1809 ; et, il faut le constater, Chateaubriand ne recueillit pas le succès espéré.

Ce ne furent pas les critiques d'Hoffmann qui exercèrent cette influence sur l'opinion des lecteurs ; c'est que la donnée du livre était essentiellement fausse.

Les *Mémoires d'outre-tombe* nous apportent cet aveu :

« Le défaut des *Martyrs* tient au merveilleux direct, que, dans le reste de mes préjugés classiques, j'avais mal à propos employé. Effrayé de mes innovations, il m'avait paru impossible de me passer d'un enfer et d'un ciel. »

Que le christianisme soit favorable au déve

loppement des caractères et au jeu des passions dans l'épopée, cela était évident. De toutes les religions, le christianisme n'est-il pas la plus psychologique, celle qui a pénétré le plus profondément jusque dans les replis les plus cachés du cœur humain ? Il en est tout autrement du *merveilleux* chrétien et de son emploi dans l'épopée ; on peut même dire qu'il en est autrement aujourd'hui de tout merveilleux. — Que dans les épopées primitives, presque contemporaines des premières civilisations, le merveilleux ait sa place, cela se comprend. Est-ce que les personnages surnaturels ne paraissaient pas alors des êtres réels qui s'imposaient à la foi du poète ? Mais, si le merveilleux n'est plus qu'un procédé, et un artifice de rhétorique, c'est un défaut capital. A plus forte raison, dès qu'il s'agit du merveilleux chrétien, on est déconcerté de voir transformer une religion toute spirituelle en un immense magasin de machines. Sommes-nous, comme au moyen âge, dans un temps et dans des conditions où la passion religieuse était éprouvée et par les personnages du poème, et par le poète, et surtout par les lecteurs ? On était au lendemain du xviiie siècle et de la Révolution ; Chateaubriand, quel que fût le succès du *Génie du Christianisme*, se trompait sur son temps. Bien plus, il se trompait sur lui-même.

Sans doute, il était chrétien ; mais il n'avait pas cette piété ardente, cette passion profonde et absolue qui animait un Dante ou un Milton ; une grande part d'exaltation artistique entrait dans ses sentiments. Il résulte de cet état d'esprit que, dans les *Martyrs*, le paradis conçu par Chateaubriand est aussi obscur que tourmenté ; qu'il n'y a rien de plus froid que le viii° livre qui coupe l'admirable récit d'Eudore pour nous faire assister à une assemblée parlementaire des démons. L'imagination de Chateaubriand, qui n'a jamais montré plus de ressources, a pourtant multiplié ses prodiges pour ajouter des peines nouvelles aux maux des réprouvés, ou des joies morales à la félicité des élus. Tout cela est faux et froid.

On a même fait remarquer qu'au point de vue théologique, dans le dialogue qui se passe au Paradis entre le Père Eternel et le Rédempteur, il est question d'Eudore comme d'une nouvelle *vic-time* choisie pour le triomphe du christianisme sur la terre, comme d'une nouvelle hostie exigée *pour replonger Lucifer dans l'abîme.*

Toute l'erreur de Chateaubriand est de vouloir peindre l'invisible. Les épithètes et les métaphores accumulées ne peuvent le rendre clair, et l'esprit est fâcheusement impressionné de ces efforts stériles.

Il se trompait encore sur un autre point, la restauration du poème en prose. Tout l'appareil épique, dans son œuvre, sent le plaqué et le faux. Quelle que soit la magie du style, on sent bien vite l'apprêt. Dès qu'on ouvre les *Martyrs,* et qu'on lit

la rencontre que fait Cymodocée égarée d'Eudore
endormi près d'une source et éclairé par un
rayon de lune, on s'aperçoit que Chateaubriand
n'a pas résisté au désir de reproduire le sommeil
d'Endymion ; et Girodet se nomme « un succes-
seur d'Apelle. »

Quant aux personnages tout d'une pièce, ils ne
sont pas même des portraits ; ils ne sont pas fouil-
lés, ils sont dessinés avec élégance ; mais plus
le cadre est grandiose, plus le fond du héros
trop souvent est vide. Chateaubriand n'a bien su
peindre que son âme ; voilà pourquoi il l'a mise
partout. Dès le début, on sent que son personnage
principal est trop faible pour soutenir le poids
d'un pareil drame. Eudore est loin d'être un de
ces géants qui furent les premiers chrétiens.

Nous demandons grâce pour Cymodocée et surtout pour Velléda.

Chateaubriand, dont le talent tend toujours à l'é-
lévation, a dit excellemment que les Muses haïs-
sent le genre médiocre et tempéré. Ses préférences
sont ouvertement pour une certaine perfection,
plus grande que nature. Ce n'est pas un défaut
commun ; il en résulte que trop souvent le naturel manque ; il n'y a pas de repos ; il y a parfois
trop de tension, le genre le veut, et par suite
trop de pastiche ; on sent trop souvent que ce
n'est pas une épopée en prose, que c'est une
thèse, ce qui ne vaut guère mieux.

Voilà les critiques. Nous avons hâte d'arriver

aux beautés : c'était une entreprise digne d'un grand artiste que de traiter le sujet de Polyeucte en poème épique. Il y avait place pour les qualités souveraines de peintre et de coloriste. Les beau·tés éclatent dès l'apparition de Cymodocée ; elle passe dans ses voiles blancs, revenant de la fête de Diane. « Ses cheveux noirs ressemblaient à la fleur d'hyacinthe, et sa taille au palmier de Délos. » Elle prend le sentier qui devait la conduire chez son père, après avoir entonné l'hymne à la déesse :

« C'était une de ces nuits dont les ombres transparentes semblent craindre de cacher le beau ciel de la Grèce : ce n'étaient point des ténèbres, c'était seulement l'absence du jour. L'air était doux comme le lait et le miel, et l'on sentait à le respirer un charme inexprimable. Les sommets du Taygète, les promontoires opposés de Colonidès et d'Acritas, la mer de Messénie, brillaient de la plus tendre lumière ; une flotte ionienne baissait ses voiles pour entrer au port de Coronée, comme une troupe de colombes passagères ploie ses ailes pour se reposer sur un rivage hospitalier ; Alcyon gémissait doucement sur son nid et le vent de la nuit apportait à Cymodocée les parfums du dictame et la voix lointaine de Neptune. »

La visite à Lasthénès et le tableau de sa famille sont un prétexte pour des développements aussi délicats qu'harmonieux ; et nous dirons avec la fille de Démodocus :

« O Muses ! C'est vous qui avez tout enseigné aux

hommes. Vous êtes l'unique consolation de la vie ; vous prêtez des soupirs à nos douleurs et des harmonies à nos joies. L'homme n'a reçu du ciel qu'un talent, la divine poésie, et c'est vous qui lui avez fait ce présent inestimable, ô filles de Mnémosyne ! »

On a hâte d'arriver au récit d'Eudore, en traversant, sans s'y arrêter, le paradis, et les milices célestes qui prennent les armes, tandis que « le vainqueur de l'antique dragon, Michel, prépare sa lance redoutable ».

Pour que le fils de Lasthénès ne soit pas interrompu dans sa narration, on passe dans une île solitaire, formée par le confluent du Ladon et de l'Alphée. « La fontaine Aréthuse sortait de terre « entre ces deux autels et s'écoulait aussitôt dans « le fleuve amoureux d'elle. » On s'assied sous des peupliers dont le soleil levant dorait la cime.

Cette histoire d'Eudore est un prétexte pour le génie de Chateaubriand de se jouer à l'aise. L'imagination du lecteur est charmée par ces spectacles qui se déroulent et qui fuient, « comme un nuage du matin ou comme le char d'une divinité sur les ailes des vents ». Et alors défilent successivement sous nos yeux, les *Théories* de la Grèce, le vaisseau de Délos, couvert de fleurs et de bandelettes, et orné des statues des dieux ; — Rome, avec ses monuments, depuis le Cirque de Néron jusqu'au théâtre de Germanicus, et la sublimité des horizons romains, se mariant aux grandes lignes de l'architecture ; ces aqueducs qui

amènent les eaux au peuple-roi comme sur des arcs
de triomphe ; — et les monuments de tous les âges
et de tous les pays, ces obélisques ravis à l'Egypte,
ces tombeaux enlevés à la Grèce, baignés dans la
lumière ; — et Naples, avec la chaîne des montagnes de Salerne, l'azur de la mer parsemée de
voiles blanches, le cap Misène et Baïes avec tous
leurs enchantements ; et pour peupler ces lieux,
dont la séduction, pour les sens que rien ne blesse,
est si profonde qu'il semble que cet air divin
transforme notre propre substance, de jeunes
Napolitaines portant des roses de Pœstum dans
des vases de Nola ; — et la visite au tombeau
de Scipion l'Africain ; — et les Gaules, les horizons noirs et plats de la Germanie ; ce ciel sans
lumière qui semble vous écraser sous sa voûte
abaissée, et les Francs parés de la dépouille des
ours, des veaux marins, des urochs, et des san-
gliers, et leur chant qu'Augustin Thierry, étant
écolier, répétait tout haut dans la salle obscure
du collège de Blois et qui détermina sa vocation
historique ; — tous ces tableaux merveilleux et
variés, d'un coloris que les années n'ont pas
atténué, nous conduisent à la forêt druidique et
à la vierge aux yeux sombres, qui « portait une
faucille d'or suspendue à sa ceinture d'airain ».

Pourquoi cet admirable récit est-il interrompu ?
Pourquoi cette assemblée parlementaire de dia-
blotins, où Satan ouvre la séance par un discours
du trône et où les démons de l'homicide, de la

fausse sagesse, de la volupté, montent presque à la tribune et se donnent la réplique dans de véritables harangues ? Pourquoi ces applaudissements « après le discours de l'esprit le plus corrompu de l'abîme » ? C'est là l'erreur et l'erreur grosse d'un homme de génie. Nous oublions le livre VIII* et nous arrivons à Velléda, la plus belle création de Chateaubriand. Il se retrouve en Bretagne, la terre des bois et des fées, et il semble que son talent, en touchant ce sol sacré, y puise une flamme plus intense et une originalité nouvelle.

Eudore a été averti par ses soldats que depuis quelques jours une femme sortait des forêts à l'entrée de la nuit, montait seule dans une barque, traversait le lac, descendant sur la rive opposée et disparaissait.

« Caché parmi les rochers, j'attendis quelque temps sans voir rien paraître. Tout à coup mon oreille est frappée des sons que le vent m'apporte du milieu du lac. J'écoute et je distingue les accents d'une voix humaine ; en même temps, je découvre un esquif suspendu au sommet d'une vague : il redescend, disparaît entre deux flots, puis se montre encore sur la cime d'une lame élevée ; il approche du rivage. Une femme le conduisait ; elle chantait en luttant contre la tempête et semblait se jouer dans les vents : on eût dit qu'ils étaient sous sa puissance, tant elle paraissait les braver. Je la voyais jeter tour à tour, en sacrifice, dans le lac, des pièces de toile, des toisons de brebis, des pains de cire et de petites meules d'or et d'argent. Bientôt elle touche à la rive, s'élance à terre, attache sa nacelle au tronc d'un saule et s'enfonce dans le bois en s'appuyant sur la rame de peuplier qu'elle tenait à la main. Elle passa tout près de moi sans me voir. Sa taille était haute; une tunique noire, courte et sans manche, servait à peine de voile à sa nudité. Elle portait une faucille d'or suspendue à une ceinture d'airain, et elle était couronnée d'une branche de chêne. La blancheur de ses bras et de son teint, ses yeux bleus, ses lèvres de rose, ses longs cheveux blonds, qui flottaient épars annonçaient la fille des Gaulois, et contrastaient par leur douceur avec sa démarche fière et sauvage. Elle chantait d'une voix mélodieuse des paroles terribles, et son sein découvert s'abaissait et s'élevait comme l'écume des flots. »

Chateaubriand excelle dans les mises en scène de ses héroïnes, dans leur entrée en action.

Cependant la belle magicienne et son père Ségénax sont livrés comme otages et viennent habiter le château d'Eudore. Alors tombent des lèvres de Chateaubriand, comme des accords d'une lyre, ces paroles inimitables par leur harmonie et leur cadence, au milieu de ce tableau d'une haute poésie :

« Une nuit, je veillais seul dans une salle d'armes où l'on ne découvrait le ciel que par d'étroites et longues ouvertures pratiquées dans l'épaisseur des pierres. Quelques rayons des étoiles, descendant à travers ces ouvertures, faisaient briller les lances et les aigles rangées en ordre le long des murailles. Je n'avais point allumé de flambeau, et je me promenais au milieu des ténèbres.

« Tout à coup, à l'une des extrémités de la galerie, un

pâle crépuscule blanchit les ombres. La clarté augmente
par degrés, et bientôt je vois paraître Velléda. Elle tenait
à la main une de ces lampes romaines qui pendent au
bout d'une chaîne d'or. Ses cheveux blonds, relevés à la
grecque sur le sommet de sa tête, étaient ornés d'une
couronne de verveine, plante sacrée parmi les Druides.
Elle portait pour tout vêtement une tunique blanche.....
Elle suspendit sa lampe aux courroies d'un bouclier, et
venant à moi, elle me dit : « Mon père dort, assieds-toi,
écoute.

« Je détachai du mur un trophée de piques et de jave-
lots que je couchai par terre, et nous nous assîmes sur
cette pile d'armes en face de la lampe. — « Sais-tu, me
dit alors la jeune barbare, que je suis fée ?....... Dis-moi,
as-tu entendu la dernière nuit le gémissement d'une fontaine, dans les bois, et la plainte de la brise dans l'herbe
qui croît sur ta fenêtre ? Eh bien, c'était moi qui soupirais
dans cette fontaine et dans cette brise ! Je me suis aper-
çue que tu aimais le murmure des eaux et des vents... Je
te fais pitié. Mais si tu me crois atteinte de folie, ne t'en
prends qu'à toi. Pourquoi as-tu sauvé mon père avec
tant de bonté ? Pourquoi m'as-tu traitée avec tant de
douceur ? Je suis vierge, vierge de l'île de Sayne.
Que je garde ou que je viole mes vœux, j'en mourrai.
Tu en seras la cause. Voilà ce que je voulais te dire,
adieu. »

C'était la première fois, dans notre littérature,
que de pareils accents se faisaient entendre, dans
un cadre aussi original. Le poète continue de
dérouler ses strophes ; ses phrases ne valent-elles
pas les plus beaux vers, tant la prose s'assouplit
et est docile à la volonté du grand écrivain ?
Chaque période est ciselée et les mots sont placés

de façon à prolonger les sons, quand on les prononce tout haut.

Eudore allait souvent visiter un sanctuaire plein du souvenir de l'antique race des Celtes. Un soir, il rêvait dans ce lieu, l'aquilon mugissait au loin et arrachait du tronc des arbres des touffes de lierre et de mousse. Velléda parut tout à coup.

« Tu me fuis, me dit-elle, tu cherches les endroits les plus déserts pour te dérober à ma présence ; mais c'est en vain : l'orage t'apporte Velléda, comme cette mousse flétrie qui tombe à tes pieds. . . . .
J'ai bien des choses à t'apprendre ! Je voudrais causer longtemps avec toi. Je sais que mes plaintes t'importunent, je sais qu'elles ne te donneront pas de l'amour ; mais, cruel, je m'enivre de mes aveux, j'aime à me nourrir de ma flamme, à t'en faire connaître toute la violence ! Ah ! si tu m'aimais, quelle serait notre félicité ! Nous trouverions pour nous exprimer un langage digne du ciel ; à présent, il y a des mots qui me manquent, parce que ton âme ne répond pas à la mienne. . . .
Il faut pourtant qu'il y ait quelque raison à ton indifférence. Tant d'amour aurait dû t'en inspirer. Cette froideur est trop extraordinaire....... Voilà la raison que je cherchais ! Tu ne peux me souffrir, parce que je n'ai rien à t'offrir qui soit digne de toi ! »

« Alors, s'approchant de moi, comme en délire et mettant la main sur mon cœur :

« Ton cœur reste tranquille sous la main de l'amour, mais peut-être qu'un trône le ferait palpiter. Parle : veux-tu l'empire ? Une Gauloise l'avait promis à Dioclétien, une Gauloise te le propose ; elle n'était que prophétesse, moi je suis prophétesse et amante. Je peux tout pour toi. Tu le sais : nous avons souvent disposé de la pourpre. J'armerai secrètement nos guerriers. Teutatès te sera favorable, et par mon art je forcerai le ciel à seconder les vœux. Je ferai sortir les Druides de leurs forêts. Je marcherai moi-même aux combats, portant à la main une branche de chêne. Et si le sort nous était contraire, il est encore des antres dans les Gaules où, nouvelle Eponine, je pourrais cacher mon époux. Ah ! malheureuse Velléda ! Tu parles d'époux et tu ne seras jamais aimée. »

Eudore espérait que Velléda s'était guérie de son amour. Il sort du château et va s'asseoir sur une colline d'où l'on apercevait le détroit britannique. Velléda reparaît, et avec elle l'enchantement recommence. Il semble que, dans ce passage, Chateaubriand se soit souvenu de la pauvre Ophélie d'Hamlet :

« ... J'entendis assez près de moi les sons d'une voix et d'une guitare Ces sons, entrecoupés par des silences, par le murmure de la forêt et de la mer, par le cri du courlis et de l'alouette marine, avaient quelque chose d'enchanté et de sauvage. Je découvris aussitôt Velléda assise sur la bruyère. Sa parure annonçait le désordre de son esprit : elle portait un collier de baies d'églantiers ; sa guitare était suspendue à son sein par une tresse de lierre et de fougère flétrie ; un voile blanc jeté sur sa tête descendait jusqu'à ses pieds. Dans ce singulier appareil, pâle et les yeux fatigués de pleurs, elle était d'une beauté frappante. . . . .
A mon aspect, une joie troublée éclate sur son visage. Elle me fait un signe mystérieux et me dit :
« Je ne sais quel enchantement m'entraîne sur tes pas ; j'erre autour de ton château, et je suis triste de ne

pouvoir y pénétrer. Mais j'ai préparé des charmes...
Alors rien ne pourra me résister. Je me glisserai chez
toi sur les rayons de la lune ; je prendrai la forme d'un
ramier, et je volerai sur le haut de la tour où tu habites.
Si je savais ce que tu préfères !... Je pourrais... Mais, non,
je veux être aimée pour moi : ce serait m'être infidèle
que de m'aimer sous une forme empruntée............ Oh !
oui, c'est cela, les Romaines auront épuisé ton cœur ! Tu
les auras trop aimées ! Ont-elles donc tant d'avantages sur
moi ? Les cygnes sont moins blancs que les filles des
Gaules ; nos yeux ont la couleur et l'éclat du ciel, nos
cheveux sont si beaux que tes Romaines nous les em-
pruntent pour en ombrager leur tête ; mais le feuillage
n'a de grâces que sur la cime de l'arbre où il est né.
Vois-tu la chevelure que je porte ? Eh bien ! si j'avais
voulu la céder, elle serait maintenant sur le front de
l'impératrice. C'est mon diadème, et je l'ai gardé pour
toi Ne sais-tu pas que nos pères, nos frères, nos époux,
trouvent en nous quelque chose de divin ? Une voix men-
songère t'aura peut-être raconté que les Gauloises sont
capricieuses, légères, infidèles : ne crois pas ces discours.
Chez les enfants des druides, les passions sont sérieuses
et leurs conséquences sont terribles. »

Eudore descend de la colline, et Velléda le
suit. Et alors se trouve cette belle page qui suffirait à rendre immortel le nom de Chateaubriand :

« Nous nous avançâmes dans la campagne par des
chemins peu fréquentés où croissait le gazon.

« Si tu m'avais aimée, disait Velléda, avec quelles
délices nous aurions parcouru ces champs ! Quel bonheur
d'errer avec toi dans ces routes solitaires, comme les
brebis dont les flocons de laine sont restés suspendus à
ces ronces ! »

« Elle s'interrompit, regarda ses bras amaigris, et dit avec un sourire :

« Et moi aussi j'ai été déchirée par les épines de ce désert et j'y laisse chaque jour quelque partie de ma dépouille. »

« Revenant à ses rêveries :

« Au bord du ruisseau, dit-elle, au pied de l'arbre, le long de cette haie, de ces sillons où rit la première verdure des blés que je ne verrai pas mûrir, nous aurions admiré le coucher du soleil. Souvent pendant les tempêtes, cachés dans quelque grange isolée, ou parmi les ruines d'une cabane, nous eussions entendu gémir le vent sous le chaume abandonné. Tu croyais peut-être que, dans mes songes de félicité, je désirais des trésors, des palais, des pompes? Hélas! mes vœux étaient plus modestes, et ils n'ont point été exaucés! Je n'ai jamais aperçu au coin d'un bois la hutte roulante d'un berger, sans songer qu'elle me suffirait avec toi. Plus heureux que ces Scythes dont les Druides m'ont conté l'histoire, nous promènerions aujourd'hui notre cabane de solitude en solitude, et notre demeure ne tiendrait pas plus à la terre que notre vie »

Est-il une élégie aussi émouvante ? La langue française a-t-elle jamais produit de pareils effets ?

On sait que l'aventure finit, comme un coup de foudre et par le dénouement le plus dramatique. Ségénax a soulevé les Gaulois pour venger le déshonneur de sa fille :

« Transportée de douleur, Velléda arrête ses coursiers et s'écrie du haut de son char·

« Gaulois, suspendez vos coups. C'est moi qui ai causé vos maux, c'est moi qui ai tué mon père, cessez d'ex-

poser vos jours pour une fille criminelle. Le Romain est
innocent. La Vierge de Sayne n'a point été outragée. Elle
s'est livrée elle-même, elle a violé ouvertement ses vœux.
Puisse ma mort rendre la paix à ma patrie ! »

« Alors, arrachant de son front sa couronne de verveine, et prenant à sa ceinture sa faucille d'or, comme si
elle allait faire un sacrifice à ses dieux : « Je ne souillerai
plus, dit-elle, ces ornements d'une vestale ! »

« Aussitôt elle porte à sa gorge l'instrument sacré : le
sang jaillit. Comme une moissonneuse qui a fini son ouvrage et qui s'endort fatiguée au bout du sillon, Velléda
s'affaisse sur le char ; la faucille d'or échappe à sa main
défaillante et sa tête se penche doucement sur son épaule.
Elle veut prononcer encore le nom de celui qu'elle aime,
mais sa bouche ne fait entendre qu'un murmure confus :
déjà je n'étais plus que dans les songes de la fille des
Gaules et un invincible sommeil avait fermé ses yeux. »

C'est sur cette image charmante que finit le
chef-d'œuvre, qui fait vivre les *Martyrs*. Qu'on
ne croie pas qu'il ne reste plus rien à admirer !
Les descriptions d'Athènes, de Jérusalem, des
vallées de la Messénie et de la Laconie, la tempête du XIX⁰ livre, et la scène finale dans l'amphi-
théâtre de Vespasien ne peuvent être oubliées :

« Le tigre avait brisé le cou d'ivoire de la fille d'Homère. Elle exhale son dernier soupir. Sans effort et sans
douleur, elle rend au ciel un souffle divin qui semblait
tenir à peine à ce corps formé par les Grâces. »

« Légers vaisseaux de l'Ausonie, fendez la mer
calme et brillante ! Esclaves de Neptune, abandonnez
la voile au souffle amoureux des vents ! Courbez-vous

sur la rame agile. Reportez-moi, sous la garde de mon
époux et de mon père, aux rives fortunées du Pamysus. »

Le bon Ballanche pleurait, en lisant cette
prose délicieuse, que dis-je ? en entendant prononcer le nom de Cymodocée ; et Fontanes ne
trouvait rien de plus délicat dans toute l'œuvre
de son ami.

Ce qui nous touche et nous charme le plus
aujourd'hui dans les *Martyrs,* c'est uniquement
ce qui n'appartient pas aux procédés de l'épopée
factice. Chateaubriand, pour se justifier d'avoir
voulu écrire un poème en prose, avait dans sa
préface invoqué surtout le nom de *Télémaque ;*
mais précisément c'est tout ce qui ne sent pas la
mythologie de décadence qui plaît dans l'œuvre
de Fénelon. Du reste, l'auteur des *Martyrs* a pris
soin de juger lui-même la question. Il y a des
poèmes et des chants lyriques qui ne sont que
de la mauvaise prose, « et un discours en prose
peut ressembler à un beau poème ou à de doux
vers ».

Les *Martyrs* ne sont pas moins la puissante
évocation d'une des époques les plus dramatiques
de l'histoire universelle. C'était une source d'inspiration toute nouvelle, en même temps que le
dernier coup porté à un système littéraire épuisé,
et qui avait survécu au xviiie siècle. C'est aussi
un modèle de composition artistique, le genre
admis.

Fontanes sentait bien que l'opinion publique reviendrait à Chateaubriand, lorsque dans des stances célèbres, le comparant au Tasse, il disait :

> « Du grand peintre de l'Odyssée
> Tous les trésors se sont ouverts,
> Et dans ta prose cadencée,
> Les soupirs de Cymodocée
> Ont la douceur des plus beaux vers.

Malgré les consolations de l'amitié, Chateaubriand fit ses adieux aux Muses. Il leur promettait de ne point laisser tomber son cœur des régions élevées où elles l'avaient placé. Il appelait à son aide l'Indépendance et la Vertu, « Ces vierges austères », pour lui ouvrir les pages de l'histoire. Il promettait d'employer « l'âge des regrets » au tableau sévère de la vérité ; mais il eut la faiblesse de publier, dans une seconde édition, la défense en règle des *Martyrs*, en trois parties : Examen des objections religieuses et morales, des objections littéraires et des changements qu'il avait cru faire. Son cœur restait froissé. Il comptait que Velléda sauverait son livre, et en effet Velléda nous a emportés avec elle dans les forêts de l'Armorique et a enivré, pendant tout un siècle, les générations, de son philtre troublant et amer.

CHAPITRE X.

ITINÉRAIRE DE PARIS A JÉRUSALEM. —

LE DERNIER DES ABENCÉRAGES.

Chateaubriand avait dans son portefeuille l'*Itinéraire de Paris à Jerusalem* lorsqu'il publia les *Martyrs*. C'étaient les ébauches du travail du peintre, et ces ébauches étaient telles qu'il put en former un livre, et pour toute la première partie, du moins, un des livres les plus vrais, les plus gais et les moins apprêtés.

Sparte, Athènes, Jérusalem, tels sont les trois points culminants de l'*Itinéraire*, reliés entre eux avec une habileté qui ne paraît pas.

L'ouvrage est d'autant meilleur et plus simple que Chateaubriand n'avait point fait ce voyage pour l'écrire : nous connaissons le double dessein qu'il poursuivait.

Il déclare qu'il n'a aucune prétention, ni comme savant, ni même comme voyageur.

« Mon *Itinéraire* est la course rapide d'un homme qui va voir le ciel, la terre et l'eau, et qui revient dans ses foyers avec quelques images nouvelles dans la tête et quelques sentiments de plus dans le cœur. »

Cette course est charmante à lire, malgré un trop grand étalage d'érudition qui coupe le récit. C'est l'homme, beaucoup plus que l'auteur, qu'on suit et qu'on voit partout ; et les sentiments qui le possèdent et l'inspirent d'un bout à l'autre de l'ouvrage, à savoir l'insignifiance de l'être humain devant les monuments de l'histoire et la vanité même de ces monuments, en présence de la tranquillité et de la durée de la nature, donnent à cette œuvre une sorte d'unité morale attachante.

Chateaubriand voyageur sait voir comme un peintre. Il reflète en lui-même les divers tableaux qui passent sous ses yeux. Il laisse à chacun leur caractère et excelle dans le dessin de leurs contrastes. Il est le premier écrivain, avant les Hugo et les Théophile Gautier, qui dans ses voyages ait su représenter le spectacle matériel des choses, sans autre souci que de décrire et de donner le plus de relief possible à sa phrase.

Dès le départ de Trieste, l'artiste est à l'œuvre :

« Les couleurs du couchant n'étaient point vives ; le soleil descendait entre des nuages qu'il peignait de rose ; il s'enfonça sous l'horizon et le crépuscule le remplaça pendant une demi-heure. Durant le passage de ce court crépuscule, le ciel était blanc au couchant, bleu pâle au zénith, et gris de perle au levant. Les étoiles percèrent l'une après l'autre cette admirable tenture ; elles semblaient petites, peu rayonnantes, mais leur lumière était dorée et d'un éclat si doux que je ne puis en donner une idée. Les horizons de la mer légèrement vaporeux se confondaient avec ceux du ciel. Au pied de l'île de Fano ou de Calypso, on apercevait une flamme allumée par des pêcheurs ; avec un peu d'imagination, j'aurais pu voir les nymphes embrasant le vaisseau de Télémaque. Il n'aurait aussi tenu qu'à moi d'entendre Nausicaa folâtrer avec ses compagnes , ou Andromaque pleurer au bord du faux Simoïs, puisque j'entrevoyais au loin, dans la transparence des ombres, les montagnes de Shéries et de Buthrotum :

« Prodigiosa veterum mendacia vatum. »

Le voilà en Grèce, et dans le Péloponnèse ! Une vive émotion le soutenait contre les fatigues du voyage et lui donnait des forces nouvelles ; il allait se rendre aux ruines de Sparte.

« Tout étant réglé, le 18 août (1806), une demi-heure avant le jour, je montai à cheval avec le janissaire ; je récompensai les esclaves du bon Ibraïm, et je partis au grand galop pour Lacédémone.

« Il y avait déjà une heure que nous courions par un chemin uni qui se dirigeait droit au sud-est, lorsqu'au lever de l'aurore, j'aperçus quelques débris et un long mur de construction antique : le cœur commence à me battre. Le janissaire se tourne vers moi, et me montrant sur la droite, avec son fouet, une cabane blanchâtre, il me crie d'un air de satisfaction : « Palœochori ! » Je me dirigeai vers la principale ruine que je découvrais sur une hauteur. En tournant cette hauteur vers le nord-ouest avant d'y monter, je m'arrêtai tout à coup à la vue d'une vaste enceinte, ouverte en demi-cercle, et que je reconnus à l'instant pour un théâtre. Je ne puis peindre les sentiments confus qui vinrent m'assiéger. La colline au pied de laquelle je me trouvais était donc la colline de la citadelle de Sparte, puisque le théâtre était adossé à la citadelle ; la ruine que je voyais sur cette colline était donc le temple de Minerve-Chalciæcos, puisque celui-ci était dans la citadelle ; les débris et le long mur que j'avais passés plus bas, faisaient donc partie de la tribu des Cynosures, puisque cette tribu était au nord de la ville. Sparte était donc sous mes yeux ; et son théâtre que j'avais eu le bonheur de découvrir en arrivant, me donnait sur-le-champ les positions des quartiers et des monuments. Je mis pied à terre, et je montai en courant sur la colline de la citadelle.

« Comme j'arrivais à son sommet, le soleil se levait derrière les monts Ménélaïons. Quel beau spectacle ! mais qu'il était triste ! L'Eurotas coulait solitaire sous les débris du pont Babyx ; des ruines de toutes parts, et pas un homme parmi ces ruines ! Je restai immobile, dans une espèce de stupeur, à contempler cette scène. Un mélange d'admiration et de douleur arrêtait mes pas et ma pensée ; le silence était profond autour de moi ; je voulus du moins faire parler l'écho dans des lieux où la voix humaine ne se faisait plus entendre, et je criai de toutes mes forces : Léonidas ! Aucune ruine ne répéta le grand nom, et Sparte même sembla l'avoir oublié. »

C'est très beau, parce que c'est très simple. On entend ce cri ! Il n'y avait qu'un poëte comme

Chateaubriand pour jeter ainsi dans la Laconie désolée et silencieuse le nom de Léonidas. Il n'y avait aussi que lui pour formuler, à la façon de Bossuet, l'enseignement des grandes choses devenues muettes :

« Tout cet emplacement de Lacédémone est inculte : le soleil l'embrase en silence et dévore incessamment le marbre de ses tombeaux. Quand je vis ce désert, aucune plante n'en décorait les débris, aucun oiseau, aucun insecte ne les animait, hors des milliers de lézards qui montaient et descendaient sans bruit le long des murs brûlants. Une douzaine de chevaux à demi sauvages paissaient çà et là une herbe flétrie, un pâtre cultivait dans un coin du théâtre quelques pastèques ; et à Magoula, qui donne son triste nom à Lacédémone, on remarquait un petit bois de cyprès...

« Le jour finissait, lorsque je m'arrachai à ces illustres débris, à l'ombre de Lycurgue, aux souvenirs des Thermopyles et à tous les mensonges de la fable et de l'histoire. Le soleil disparut derrière le Taygète, de sorte que je le vis commencer et finir son tour sur les ruines de Lacédémone. Il y avait trois mille cinq cent quarante-trois ans qu'il s'était levé et couché pour la première fois sur cette ville naissante. Je partis, l'esprit rempli des objets que je venais de voir, et livré à des réflexions intarissables ; de pareilles journées font ensuite supporter patiemment beaucoup de malheurs, et rendent surtout indifférent à bien des spectacles. »

La gloire et les fêtes étaient en effet passées. Le silence était égal sur cette terre jadis si féconde et sur cette mer si étincelante des Cyclades.

L'imagination de Chateaubriand, au fur et à mesure qu'il avançait dans ce pays d'ingénieuse mémoire, ne pouvait suffire à se représenter les jours écoulés. De temps à autre, un mot spirituel, une observation railleuse nous dérident.

« Joseph (mon domestique) avait acheté à Eleusis un mouton pour notre souper. Sparte qu'il avait vue, et Athènes qu'il allait voir, ne lui importaient guère ; mais dans la joie où il était de toucher au terme de ses fatigues, il régalait la maison de notre hôte. La femme, les enfants, le mari, tout était en mouvement ; le janissaire seul restait tranquille, au milieu de l'empressement général, fumant sa pipe et applaudissant du turban à tous ces soins dont il espérait bien profiter. Depuis l'extinction des mystères par Alaric, il n'y avait pas eu une pareille fête à Eleusis. »

Enfin arrive le grand jour de l'entrée à Athènes : chose charmante et tout à fait d'un artiste ! Chateaubriand avait mis ses plus beaux habits pour la fête ; et il marchait en silence par la voie sacrée. L'initié le plus dévot à Cérès n'avait jamais eu un transport aussi vif que le sien. Le plaisir lui ôtait le pouvoir de la réflexion.

« Non que j'éprouvasse quelque chose de semblable à ce que j'avais senti à la vue de Lacédémone. Sparte et Athènes ont conservé jusque dans leurs ruines leurs différents caractères. Celles de la première sont tristes, graves, solitaires ; celles de la seconde sont riantes, légères, habitées. A l'aspect de la patrie de Lycurgue,

toutes les pensées deviennent sérieuses, mâles et profondes ; l'âme fortifiée semble s'élever et s'agrandir ;
devant la ville de Solon, on est comme enchanté par les
prestiges du génie ; on a l'idée de la perfection de l'homme
considéré comme un être intelligent et immortel. Les
hauts sentiments de la nature humaine prenaient à
Athènes quelque chose d'élégant qu'ils n'avaient point à
Sparte. L'amour de la patrie et de la liberté n'était point
pour les Athéniens un instinct aveugle, mais un sentiment
éclairé, fondé sur le goût du beau dans tous les genres,
que le ciel leur avait si libéralement départi ; enfin, en
passant des ruines de Lacédémone aux ruines d'Athènes,
je sentis que j'aurais voulu mourir avec Léonidas et vivre
avec Périclès.

« Nous marchions vers cette petite ville, dont le terri-
toire s'étendait à quinze ou vingt lieues, dont la popu-
lation n'égalait pas celle d'un faubourg de Paris, et qui
balance dans l'univers la renommée de l'Empire Romain. »

Jamais il n'avait rencontré plus de conditions
pour faire valoir son génie, si original, avec le
grain d'esprit qu'il sème, çà et là, comme il le fera
dans ses *Mémoires*.

M. Fauvel, érudit, et archéologue, était notre
consul général en Grèce, et Chateaubriand était
descendu chez lui.

« Quel plaisir pour moi d'être logé à Athènes, dans
une chambre pleine des plâtres moulés du Parthénon !
Tout autour des murs étaient suspendues des vues du
temple de Thésée, des plans des Propylées, des cartes
de l'Attique et de la plaine de Marathon. On balaya, à
mon grand regret, une vénérable poussière ; on tendit

un lit de sangle au milieu de toutes ces merveilles ; et comme un conscrit arrivé à l'armée la veille d'une affaire, je campai sur le champ de bataille. »

C'est un Chateaubriand bon enfant, que connaissaient seuls quelques amis, Joubert, Molé, Chénedollé, Fontanes, Frisell, et qui se révèle dans l'*Itinéraire* ; mais la Muse est toujours là, debout derrière lui :

« J'ai vu du haut de l'Acropolis le soleil se lever entre les deux cimes du mont Hymette ; les corneilles qui nichent autour de la citadelle, mais qui ne franchissent jamais son sommet, planaient au-dessous de nous, leurs ailes noires et lustrées étaient glacées de rose par les premiers reflets du jour ; des colonnes de fumée bleue et légère montaient dans l'ombre, le long des flancs de l'Hymette, et annonçaient les parcs ou les chalets des abeilles ; Athènes, l'Acropolis et les débris du Parthénon se coloraient des plus belles teintes de la fleur du pêcher ; les sculptures de Phidias, frappées horizontalement d'un rayon d'or, s'animaient et semblaient se mouvoir sur le marbre, par la mobilité des ombres du relief ; au loin, la mer et le Pirée étaient tout blancs de lumière, et la citadelle de Corinthe, renvoyant l'éclat du jour nouveau, brillait sur l'horizon du couchant, comme un rocher de pourpre et de feu. Du lieu où nous étions placés, nous aurions pu voir, dans les beaux jours d'Athènes, les flottes sortir du Pirée pour combattre l'ennemi ou pour se rendre aux fêtes de Délos ; nous aurions pu entendre éclater au théâtre de Bacchus les douleurs d'OEdipe, de Philoctète et d'Hécube ; nous aurions pu ouïr les applaudissements des citoyens aux discours de Démosthène. Mais, hélas ! aucun son ne frappait notre oreille...

Je me disais pour me consoler ce qu'il faut se dire sans cesse: Tout passe, tout finit dans ce monde. Où sont allés les génies divins qui élevèrent le temple sur les débris duquel j'étais assis ? Ce soleil qui peut-être éclairait les derniers soupirs de la pauvre fille de Mégare, avait vu mourir la brillante Aspasie..... Je passerai à mon tour. Notre vie et notre cœur sont entre les mains de Dieu : laissons-le disposer de l'une comme de l'autre. »

Jérusalem, où se rendit ensuite le voyageur, présente avec Athènes le plus saisissant contraste. Chateaubriand poursuit sa route par Rhodes et Jaffa, avec un nouvel interprète,

« Jean, qui engloutissait des morceaux de jambon, dévorait une volaille, avalait une bouteille de vin, sous prétexte de mettre de l'ordre dans les paniers.

La gaieté cesse dès que Jérusalem apparaît ; c'est de la forte peinture, au lieu d'un dessin élégant ; et le christianisme artistique de Chateaubriand est tout à fait à sa place :

« Nous quittâmes le couvent à trois heures de l'après-midi ; nous remontâmes le torrent du Cédron ; ensuite, traversant la ravine, nous reprimes notre route au levant. Nous découvrîmes Jérusalem par une ouverture des montagnes. Je ne savais trop ce que j'apercevais ; je croyais voir un amas de rochers brisés ; l'apparition subite de cette cité des désolations, au milieu d'une solitude désolée, avait quelque chose d'effrayant ; c'était véritablement la ruine du désert.

« Nous avancions : l'aspect des montagnes était toujours le même, c'est-à-dire blanc, poudreux, sans ombre, sans arbre, sans herbe et sans mousse. A quatre heures et demie, nous descendîmes de la haute chaîne de ces montagnes, sur une chaîne moins élevée. Nous cheminâmes pendant cinquante minutes sur un plateau assez égal ; nous parvînmes enfin au dernier rang des monts qui bordent à l'Occident la vallée du Jourdain et les eaux de la mer Morte. Le soleil était près de se coucher ; nous mîmes pied à terre pour laisser reposer les chevaux, et je contemplai à loisir le lac, la vallée et le fleuve.....

« J'avais vu les grands fleuves de l'Amérique avec ce plaisir qu'inspirent la solitude et la nature ; j'avais visité le Tibre avec empressement, et recherché avec le même intérêt l'Eurotas et le Céphise ; mais je ne puis dire ce que j'éprouvai à la vue du Jourdain. Non seulement ce fleuve me rappelait une antiquité fameuse et un des plus beaux noms que jamais la belle poésie ait confiés à la mémoire des hommes, mais ses rives m'offraient encore le théâtre des miracles de ma religion. La Judée est le seul pays de la terre qui retrace au voyageur le souvenir des affaires humaines et des choses du ciel, et qui fasse naître au fond de l'âme, par ce mélange, un sentiment et des pensées qu'aucun autre lieu ne peut inspirer. »

Malheureusement le récit, dans le second volume de l'*Itinéraire*, s'embarrasse de citations et de fragments historiques ; on finit même par perdre les traces du voyageur et l'on ne trouve plus que très rarement des pages comme celle-ci :

« Entrez dans la ville de Jérusalem, rien ne vous consolera de la tristesse extérieure : vous vous égarez dans de petites rues non pavées, qui montent et descendent sur un terrain inégal, et vous marchez dans des flots de poussière, ou parmi des cailloux roulants. Des toiles jetées d'une maison à l'autre augmentent encore l'obscurité de ce labyrinthe ; des bazars voûtés et infects achèvent d'ôter la lumière à la ville désolée ; quelques chétives boutiques n'étalent aux yeux que de la misère ; et souvent ces boutiques mêmes sont fermées, dans la crainte du passage d'un cadi. Personne dans les rues, personne aux portes de la ville ; quelquefois seulement un paysan se glisse dans l'ombre, cachant sous ses habits le fruit de son labeur, dans la crainte d'être dépouillé par le soldat. Dans un coin à l'écart, le boucher arabe égorge quelque bête suspendue par les pieds à un mur en ruine ; à l'air hagard et féroce de cet homme, à ses bras ensanglantés, vous croiriez qu'il vient plutôt de tuer son semblable, que d'immoler un agneau. Pour tout bruit dans la cité déicide, on entend par intervalles le galop de la cavale du désert : c'est le janissaire qui apporte la tête du Bédouin, ou qui va piller le felah. »

Le grand lettré qui était au fond de Chateaubriand ne pouvait manquer d'avoir son heure.

En revenant de visiter la vallée de Josaphat, pendant que le soleil se couchait et dorait de ses derniers rayons les montagnes de la Judée, il renvoya ses compagnons, ne gardant avec lui que le janissaire ; il s'assit au pied d'un tombeau, le visage tourné vers le temple, et tirant de sa poche un volume de Racine, il relut *Athalie*. Dès les premiers vers, il lui sembla que l'antique Jérusalem se levait devant lui, que les ombres de Joad, d'Athalie, de Josabeth sortaient du tombeau. Il lui sembla qu'il ne connaissaitque depuis ce moment le génie de Racine.

C'était bien finir ce voyage en Palestine que d'évoquer devant les ruines du temple, qui n'était plus « orné de festons magnifiques », l'œuvre admirable qui a su le mieux rendre à nos yeux toujours éblouis la majesté et la grandeur bibliques.

L'*Itinéraire* eut un vrai succès. Il semble que le public de 1812, appartenant encore par l'esprit au xviiie siècle, comprit cependant qu'il avait eu tort de ne pas reconnaître les beautés des *Martyrs*. Il proclama, comme pour racheter ses rigueurs in-justifiées, l'*Itinéraire* comme le meilleur ouvrage de Chateaubriand. Napoléon sentit que sa place était à l'Académie française. On sait qu'il fut élu en 1811, en remplacement de Marie-Joseph Chénier ; on sait aussi quelle colère suscita son coura-geux et éloquent discours .

Chateaubriand y disait excellemment :

« Il y a des personnes qui voudraient faire de la littéra-ture une chose abstraite et l'isoler au milieu des affaires humaines. Quoi ? après une révolution qui nous a fait parcourir en quelques années les événements de plu-sieurs siècles, on interdira à l'écrivain toute considéra-tion morale élevée ! on lui défendra d'examiner le côté sérieux des objets; il passera une vie frivole à s'occuper de chicanes grammaticales, de règles de goût, de petites sentences littéraires ! il vieillira enchaîné dans les langes

de son berceau, il ne montrera point sur la fin de ses
jours un front sillonné par les longs travaux, les graves
pensées, et souvent par ces mâles douleurs qui ajoutent
à la grandeur de l'homme ! Quels soins importants auront donc blanchi ses cheveux ? Les misérables peines
de l'amour-propre et les jeux puérils de l'esprit.

« Certes, ce serait nous traiter avec un mépris bien
étrange. Pour moi, je ne puis ainsi me rapetisser, ni me
réduire à l'état d'enfance dans l'âge de la force et de la
raison. Je ne puis me renfermer dans le cercle étroit que
l'on voudrait tracer autour de l'écrivain. »

Chateaubriand n'avait pas oublié les critiques
spirituelles d'*Atala* et il les fit payer à Marie-Joseph Chénier, en rappelant le souvenir d'André.

« Ah ! qu'il eût été plus heureux, disait-il, pour M. de
Chénier de n'avoir point participé à ces calamités
publiques, qui retombèrent enfin sur sa tête ! Il a su
comme moi ce que c'est que de perdre dans les orages
populaires un frère tendrement chéri. »

Malgré la phrase qui terminait son discours
académique et dans laquelle Chateaubriand parlait
de César qui monte au Capitole et de la fille des
Césars et du berceau du Roi de Rome, l'empereur,
dans une scène que Lacretelle, qui tenait lui-même
le récit de M. Daru, a reproduite, se laissa aller
à une violente colère contre le nouvel acadé-
micien, l'apostrophant, comme s'il eût été présent.
Ces deux idées que les lettres ne sont pas un art
industriel, mais une puissance de l'âme, et qu'on

ne peut séparer le talent du caractère de l'écrivain, choquaient le despotisme. De plus, le mot de liberté, ramené dans quelques phrases inoffensives, semblait la plus grave des inconvenances, en même temps que le blâme des crimes de la Révolution paraissait impolitique. Le discours ne put pas être prononcé. Chateaubriand dévora l'affront et s'en souvint.

Il était de plus en plus dégoûté de la vie littéraire ; elle va en effet prendre fin.

« O Muse, qui daignas me soutenir dans une carrière aussi longue que périlleuse, retourne maintenant aux célestes demeures ! J'aperçois les bornes de la course. »

Nous n'avons plus à signaler que le *Dernier des Abencérages*, une Nouvelle élégante, pleine d'élans chevaleresques, mais d'une langue un peu courte et sèche. Il semble que ce féerique Alhambra, que les jardins du Généralife, et aussi que celle qu'il y avait rencontrée auraient dû mieux l'inspirer. Ducis disait de Chateaubriand : « Il a le secret des mots puissants ». Il ne s'en rencontre pas dans le *Dernier des Abencérages*.

Ecrite pour les salons, cette œuvre distinguée n'a pas de ces beautés littéraires qui consacrent et fixent une figure, dans une attitude inoubliable. Blanca est fière et charmante, mais c'est tout. Elle ne fait pas pleurer. Elle méritait cependant une larme.

CHAPITRE XI.

Chateaubriand entre dans la vie politique avec
les Bourbons.

Son ambition était grande ; il eut, dès le début,
la prétention de comprendre mieux que personne
les institutions nouvelles et de réconcilier les
anciennes races avec les générations issues de la
Révolution ; mais il faut bien se garder de le juger
sur ses commencements ; sa carrière politique doit
être divisée en deux parties : dans la première,
de 1814 à 1824, très agressive, très personnelle,
et pleine de contradictions, il énonce d'excellents
principes, avec des intentions qui le sont beaucoup
moins et qui donnent un démenti formel aux pré-
misses ; il prèchait la liberté, mais il haïssait
l'égalité.

Son état d'esprit fut tout différent, quand il eut
passé par le ministère, pour tomber du ministère
dans l'opposition. C'est la seconde partie de sa

carrière, et sa ligne politique n'a pas été une
et droite. Après 1824, il n'est plus l'ultra-roya-
liste du journal le *Conservateur*. La haine de
M. de Villèle l'a ramené au parti libéral.

Il ne fut pas, à proprement parler, un homme
d'Etat ; mais comme il avait l'instinct et le goût de
l'à-propos, il fut un publiciste des plus brillants,
et c'est uniquement par ce côté littéraire que nous
voulons l'apprécier. Son talent se transforme ;
journaliste et pamphlétaire, il écrit sur l'histoire,
et malgré des vues hautes, il n'est pas un historien, mais il reste un maître écrivain dans un
genre tout nouveau pour lui.

Sa première incursion dans la politique est faite
la torche à la main. On était en 1814. Napoléon,
retiré à Fontainebleau, était abandonné, sans
toutefois que les négociations avec lui fussent
rompues. Le moment était décisif. Chateaubriand
publie alors son livre : *De Buonaparte et des Bourbons*, un des pamphlets les plus virulents et les
plus éloquents que nous connaissions. Tant d'é-
vénements se sont accomplis depuis et ont amené
tant d'équité dans les jugements historiques, qu'on
peut parler aujourd'hui du célèbre pamphlet de
Chateaubriand comme d'une œuvre qu'on ne lit
plus ; et cependant, si l'on veut trouver un modèle
d'acte d'accusation, c'est là qu'il faut aller le chercher.

Qu'on en juge :

« Homme de malheur, nous te prendrons par tes discours et nous t'interrogerons par tes paroles. Dis, qu'as-
tu fait de cette France si brillante? Où sont nos trésors,
les millions de l'Italie et de l'Europe entière ? Qu'as-tu
fait non pas de cent mille, mais de cinq millions de Français que nous connaissions tous, nos parents, nos amis,
nos frères? Cet état de choses ne peut durer. Il nous a
plongé dans un affreux despotisme. Tu voulais la République et tu nous as apporté l'esclavage. Nous, nous voulons la Monarchie, assise sur les bases de l'égalité des
droits, de la morale, de la liberté civile, de la tolérance
politique et religieuse. Nous l'as-tu donnée, cette monarchie ? Qu'as-tu fait pour nous ? Que devons-nous à ton
génie? Qui est-ce qui a assassiné le duc d'Enghien, tor-
turé Pichegru, banni Moreau, chargé de chaînes le Souverain Pontife, enlevé les princes d'Espagne, commencé
une guerre impie ?

« C'est toi.

« Qui est-ce qui a perdu nos colonies, anéanti notre
commerce, ouvert l'Amérique aux Anglais, corrompu nos
mœurs, enlevé les enfants aux pères, désolé les familles,
ravagé le monde, brûlé plus de mille lieues de pays, inspiré l'horreur du nom français à toute la terre ? C'est
toi.

« Qui est-ce qui a exposé la France à la peste, à l'in-
vasion, au démembrement, à la conquête ? C'est encore
toi.

« Voilà ce que tu n'as pu demander au Directoire et ce
que nous te demandons aujourd'hui.

« Nous rentrons enfin dans nos droits par le malheur ;
nous ne voulons plus adorer Moloch ; tu ne dévoreras
plus nos enfants ; nous ne voulons plus de ta conscrip-
tion, de ta police, de ta censure, de tes fusillades noc-
turnes, de ta tyrannie. Ce n'est pas seulement nous, c'est
le genre humain qui t'accuse. Il nous demande ven-

geance, au nom de la religion, de la morale et de la liberté. Où n'as tu pas répandu la désolation ? Dans quel coin du monde une famille obscure a-t-elle échappé à tes ravages ?...

« La voix du monde te déclare le plus grand coupable qui ait jamais paru sur la terre... Quitte enfin ton sceptre de fer ; descends de ce monceau de ruines dont tu avais fait un trône ! Nous te chassons, comme tu as chassé le Directoire ! Va ! Puisses-tu, pour seul châtiment, être témoin de la joie que ta chute cause à la France, et contempler, en versant des larmes de rage, le spectacle de la félicité publique ! »

L'invective a-t-elle jamais été poussée aussi loin? jamais plus de colères accumulées depuis dix ans ne se sont répandues, comme des laves ardentes, avec autant de furie, autour du nom de Napoléon.

Chateaubriand devait être plus équitable dans ses *Mémoires*, en parlant de l'empereur:

« Le poids de ses cendres a fait pencher le globe. — Des peuples vaincus l'ont appelé un *fléau*. Les fléaux de Dieu conservent quelque chose de l'éternité et de la grandeur du courroux dont ils émanent... Si Napoléon, échappé aux mains de ses geôliers, se fût retiré aux Etats-Unis, ses regards attachés sur l'Océan auraient suffi pour troubler les peuples de l'ancien monde. Sa seule présence sur le rivage américain de l'Atlantique eût forcé l'Europe à camper sur le rivage opposé... Alexandre ne mourut point sous les yeux de la Grèce, et disparut dans le lointain pompeux de Babylone ; Bonaparte n'est point mort sous les yeux de la France : il s'est perdu dans le

fastueux horizon des zones torrides ; il s'est évaporé à la
manière d'un songe. Sa vie, qui appartient à l'histoire,
s'est exhalée dans la poésie de sa mort. Il dort à jamais
sous un saule, dans un étroit vallon, entouré de rochers
escarpés, au bout d'un sentier désert. La grandeur du
silence qui le presse, égale l'immensité du bruit qui l'environna. Les nations sont absentes ; leur foule s'est retirée. »

Comparez avec le pamphlet de 1814 ! comme
la pensée a mùri la forme ! Il n'y a pas de plus
magnifique langage. La paix s'était faite dans le
cerveau de Chateaubriand, quand il écrivit ces
lignes admirables ; mais pendant toute la durée
de la Restauration, sans en excepter le temps de
son ministère et de ses ambassades, il fit de la
politique avec une âme enflammée.

Dans une seconde brochure, publiée en décembre
de cette même année 1814, et intitulée : *Réflexions
politiques*, il donnait une voix aux revendica-
tions des royalistes contre les serviteurs du
régime déchu. Du même coup, il avertissait
Louis XVIII qu'il faudrait compter avec lui. Le
roi, pendant les Cent jours, l'avait emmené à Gand ;
à son retour, Chateaubriand espérait un portefeuille, ce fut Talleyrand et Fouché qui l'obtin-
rent : mais l'écrivain se vengea. Ecoutez cette
phrase :

« Une porte s'ouvre ! Entre silencieusement le vice
appuyé sur le bras du crime, M. de Talleyrand marchant

soutenu par M. Fouché. La vision infernale passe lentement devant moi, pénètre dans le cabinet du roi et disparaît. »

Avec M. Decazes qui avait évincé Chateaubriand,
le duel fut à mort ; il commence le combat en
publiant *la Monarchie suivant la Charte.*

Ecrits évidemment sur le modèle de l'*Esprit des
lois,* les quarante premiers chapitres sont consacrés
à développer les principes du gouvernement représentatif. Cette partie du livre, quoiqu'elle ne
renferme rien de neuf, ne laisse pas que d'être
assez remarquable. Comme le disait le journal le
Censeur Européen, au lendemain de la publication,
il y a là un résumé très net, très concis, très énergique, de ce qui a été écrit de plus raisonnable sur
l'organisation d'une monarchie constitutionnelle ;
ce résumé était digne, à beaucoup d'égards, de
devenir le manuel de quiconque voulait se former,
en peu de temps, des idées justes sur la matière.
Mais si *la Monarchie suivant la Charte* n'avait
voulu exposer que des maximes du droit public,
elle n'aurait pas fait tant de bruit, et Chateaubriand
n'eût pas été une première fois publiquement
disgracié. Organe alors du parti des ultras, des
adversaires enragés du parti libéral, il sonnait
l'alarme dans la préface de son livre et dans
toute la dernière partie. Le ministère Decazes était
accusé par lui de conspirer contre la Charte et
contre la légitimité, contre le roi et contre la

famille royale, de telle sorte que les maximes constitutionnelles des premières pages recevaient un démenti formel dans les dernières. Pour rassurer en effet ses amis sur l'emploi de son système, il demandait sept hommes dévoués par département, et dans le nombre, un grand Prévôt, magistrature odieuse, empruntée à des époques de barbarie. Enfin, pour rendre supportable à la droite ultra-monarchique la liberté de la presse, Chateaubriand appelait de ses vœux à côté de cette liberté, une loi terrible qui punît la diffamation par la ruine et d'autres crimes de publication par la peine de mort.

Telles sont les inconséquences où des entraînements irréfléchis poussaient ce noble esprit.

Obligé pour vivre de faire du journalisme, il fut d'abord la trompette de la droite avancée, en fondant le *Conservateur* pour combattre la *Minerve* ; puis il passa au centre gauche, et entra au *Journal des Débats*, après que M. de Villèle l'eût brutalement congédié du ministère.

C'est surtout dans cette seconde partie de sa carrière de journaliste qu'il fut remarquable. Il avait pour guide et pour critique un des esprits les plus vigoureux, une des intelligences les plus clairvoyantes de son temps, M. Bertin aîné, qui corrigeait les articles de son ami, effaçait des paragraphes entiers, sans que Chateaubriand protestât jamais. Cette amitié était ancienne ; elle datait du lit de mort de Mme de Beaumont, et elle fut fidèle dans la bonne comme dans la mauvaise fortune. Les *Débats* appartinrent plus particulièrement, avec un dévouement absolu, à Chateaubriand pendant quatre ans (1824-1828). On a dit avec raison que ce fut un long rugissement ; à partir du 29 juin 1824, il continua ses attaques acharnées, sans fin ni trève, sauf pendant la période d'application de la censure. Affaires extérieures, lois de finances, liberté de la presse, il fait arme de tout contre le ministère. Sans s'apercevoir qu'il blessait la monarchie, il frappait M. de Villèle, se souvenant du mot dit à ses soldats par César à la bataille de Pharsale : *Frappez au visage !*

L'arme de Chateaubriand, dans sa polémique, c'est toujours l'image ; ses métaphores depuis ont vieilli ; ses violences restent envenimées sans être jamais grossières. Ses doctrines avaient peu de fond ; mais dès qu'il abandonnait la politique pour les côtés historiques, les applications pratiques pour les idées générales et philosophiques, son génie retrouvait une élasticité merveilleuse. Bien que ces articles nous laissent aujourd'hui un peu froids, nous en choisissons deux, écrits d'une langue sobre, serrée ; ils méritent d'être connus par fragments :

(29 juillet 1825.) « L'immense service que la liberté de la presse vient de rendre dans la question financière la recommande à jamais à ceux qui en méconnaissaient la valeur. Depuis la Restauration, la liberté de la presse a

t iomphé dans quatre occasions décisives : la première, lorsqu'elle courut au secours de la royauté légitime, gravement menacée, et arrêta le gouvernement au penchant de l'abime ; la seconde, lorsqu'après avoir combattu pour la couronne, elle combattit pour la Charte, exposée à une réaction ; la troisième, lorsque, défendant les tribunaux qui l'avaient défendue, elle fit entendre ses plaintes au nouveau souverain qui la délivra, et la rendit généreusement à la France ; la quatrième enfin, lorsque, attaquant sans relâche les vices de la loi de conversion, elle a éclairé les rentiers et sauvé le crédit public.

« Ces résultats incontestables l'emportent sur toutes les déclamations que l'on pourrait élever contre la liberté de la presse, si d'ailleurs son existence n'était liée avec celle du gouvernement représentatif.

« Quel mal cette liberté a-t-elle fait, en opérant tant de bien ? A t-elle excité des troubles ? Toute-puissante quand elle est l'organe de la vérité, elle ne peut plus rien, quand elle n'exprime et ne sert que des passions.

« L'entreprise de la guerre d'Espagne a été exécutée en sa présence ! L'épreuve était rude... Il est vrai que cette liberté de la presse que la couronne et l'Etat avaient si noblement supportée, parut, quelque temps après, intolérable à l'incapacité du pouvoir. Le courage, l'honneur et la gloire de M. le Dauphin et de son armée n'avaient pas eu besoin de la censure : il fallut l'établir pour sauver les ministres et leurs commis.

« Qui souffre donc de la liberté de la presse ? La médiocrité et quelques amours-propres irascibles. Mais, dans le dernier cas, quand la susceptibilité se trouve unie au talent, c'est encore un bien pour l'Etat que cette susceptibilité, mise à l'épreuve, s'aguerrisse par le combat.

« Point de monarchie représentative sans liberté de la presse ; point de liberté de la presse sans l'assujettissement des personnes aux investigations de cette liberté.

« (17 octobre 1825.) Enfin les partisans du ministère en sont réduits à leur dernier argument, à cet argument religieusement déposé et gardé dans les bureaux, depuis qu'il y a des ministres, à cet argument qu'on va prendre dans les cartons poudreux, quand toute autre ressource est épuisée. On promène l'antique relique autour du ministère assiégé, pour écarter l'ennemi : si elle ne sauve pas les infortunés ministres, on la remet solennellement à sa place pour servir à leurs successeurs. Ceux-ci, comme des rois débonnaires, prennent à leur service la maison de leurs devanciers. « Le ministre est mort ! vive le ministère ! » les gratifications recommencent, on essuie ses larmes, et le monde va son train.

« Cet argument, héréditaire dans la famille ministérielle, est celui-ci : Vous dites que les ministres sont incapables : nous le pensons aussi ; qu'ils vont mal, que même ils ne peuvent plus aller : c'est notre opinion, Mais qui mettrez-vous à leur place ? Où trouverez vous un meilleur ministère qui ne succombe pas sous les difficultés dont celui-ci est écrasé ? Donc, il faut s'en tenir à ce qu'on a, et garder les ministres actuels.

« Depuis et avant la Restauration, voilà ce qui est constamment répété à chaque changement présumé de ministère.

« Ecartons ce qu'il y a de bizarre et presque de ridicule dans cette manière de raisonner ; ne disons pas qu'en pressant l'argument on arriverait à cette conséquence absurde: qu'il ne faut jamais changer de ministres, même lorsque leur inaptitude est prouvée, et que l'incapacité doit avoir pour un empire tous les effets de la nécessité. Renfermons-nous dans la simple question personnelle.

« Qui pourrait, demandez-vous, remplacer les ministres du moment ? Nous répondrons : tout le monde.

« Ne voulez-vous pas choisir parmi les talents signalés

et les capacités avouées ? Eh bien ! outre les capacités
reconnues dans les Chambres et hors des Chambres, il
y a cent hommes de sens et de jugement infiniment supérieurs aux membres actuels du conseil, et qui condui-
raient cent fois mieux la monarchie.

« De quoi s'agit-il pour réussir beaucoup mieux que le
ministère actuel ? — De ne pas faire ce qu'il fait, et
de défaire autant que possible ce qu'il a fait. »

C'est avec cette netteté et cette finesse qu'é-
crit Chateaubriand journaliste, lorsqu'il ne rugit
pas.

Il était venu de Rome à Paris pour guetter la
succession de M. de Martignac ; ce fut M. de Polignac qui fut l'héritier. Ambassadeur démission-
naire, il repart en campagne avec le *Journal des
Débats*. Mais que de chemin il avait fait depuis l'é-
poque où il était un ultra! Déjà, en 1829, il tendait
la main à Carrel et à Béranger. Malgré lui, ses
efforts s'associaient de plus en plus au parti qui
rêvait 1830, et qui, le jour même de la bataille,
porta en triomphe, dans les rues de Paris, « l'ami
désolé de la légitimité qui succombait. »

Avec les glorieuses journées finissaient la colla-
boration de Chateaubriand au *Journal des Débats*
et sa carrière de journaliste.

De longs et sérieux travaux d'histoire rempli-
rent les heures que ses *Mémoires* et sa qualité de
représentant de la dynastie déchue n'absorbaient
pas entièrement. Le monument qu'il voulait élever

et qu'il nomma *Etudes historiques,* est inachevé. Le talent de l'ouvrier est toujours grand ; mais ce ne sont que de hautes colonnes, sans entablement et sans liens entre elles ; çà et là des motifs tantôt grandioses, tantôt charmants, courent sur la frise de l'édifice ; mais il n'y a pas d'ensemble, et ces ébauches ne constituent pas un ouvrage.

Dans une copieuse préface, Chateaubriand nous apprend qu'il travaillait depuis bien des années à une histoire de France, dont les *Etudes historiques* ne représentent que l'exposition, les vues générales et les débris ; mais la vie lui manque pour achever l'œuvre projetée, et sur la route ou le temps l'arrête, il montre de la main, aux jeunes voyageurs, dans son introduction, les pierres qu'il avait entassées, le sol et le site où il voulait bâtir son édifice.

Son dessein était vaste, comme tous les sujets qu'il a traités ; il voulait amener du pied de la croix du calvaire, au pied de l'échafaud de Louis XVI, les trois vérités qui, à ses yeux, sont au fond de l'ordre social : la vérité religieuse, la vérité philosophique, c'est-à-dire l'indépendance de l'esprit de l'homme, et la vérité politique, c'est-à dire la liberté. Avec l'intention de battre en brèche l'*Essai sur les mœurs,* Chateaubriand cherche à démontrer que l'homme suit une marche progressive ; qu'il est encore loin d'être remonté aux sublimes hauteurs dont les traditions primitives des peuples nous apprennent qu'il est descendu,

mais qu'il ne cesse de gravir, « la pente escarpée
« de ce Sinaï inconnu au sommet duquel il
« reverra Dieu. »

C'était une grande entreprise, bien digne de
lui, que d'opposer au livre de Voltaire le tableau
de la civilisation chrétienne.

Les chapitres consacrés à la chute de l'empire
romain ont des parties remarquables ; Chateaubriand défend contre les injures et les calomnies
de l'ignorance la figure de l'empereur Julien ; en
présence des invasions sous lesquelles s'effondre
l'empire, il a d'ironiques retours vers les catas-
trophes de son temps, et vers les jeux de la fortune qui ne l'étonnent plus. N'avait-il pas vu les
chevaux des Cosaques dans la cour du Louvre ?

Un souffle de tolérance passe à travers les *Etudes
historiques*, en même temps que les hardiesses des
idées s'y accusent. Ainsi, pour assurer la renais-
sance de l'esprit religieux dans notre pays, Chateaubriand dénonce le concordat, comme un
piège ; à ses yeux, tant que la religion catholique
sera soldée, dépendra de l'autorité publique et de
la forme variable des gouvernements, tant qu'elle
continuera d'être gênée dans ses mouvements,
entravée dans ses assemblées particulières et générales, « contaminée dans ses chaires et dans ses
« écoles par l'argent du fisc », tant, en un mot,
qu'elle ne retournera pas à la liberté de la croix,
elle languira dégénérée. L'influence de son com-
patriote Lamennais et les doctrines du journal

l'Avenir avaient amené Chateaubriand à concevoir la séparation de l'Église de l'État.

Il n'est pas moins hardi contre l'ancien régime ; il donne libre cours à son antipathie contre le xviiie siècle, en flétrissant le règne de Louis XV, où les magistrats rougissaient de porter la robe, « où les prêtres en chaire évitaient le nom de Jésus-Christ », où le suprême bon ton était d'être Anglais à la cour, Prussien à l'armée, « où l'on « prétendait garder des abbés commendataires, « et où l'on ne voulait plus de religion. »

Sans doute, il y a une recherche trop visible de l'effet, et « un artifice de facture qui sent le virtuose » ; mais avec ces réserves, on rencontre dans les *Etudes historiques* des accents vigoureux et expressifs dans leur concision, qui dénotent quelques-unes des grandes qualités de l'historien. Ainsi, par exemple :

« Rome n'était plus défendue que par le sou- « venir de ses vieux morts. »

« Un lambeau de pourpre faisait le matin un « empereur, le soir une victime, l'ornement d'un « trône ou d'un cercueil. »

L'école historique contemporaine, si glorieuse, a rencontré Chateaubriand à la source où elle a puisé, et elle lui doit, suivant le mot d'Augustin Thierry, ses premières inspirations. Le génie de Chateaubriand traçait partout un sillon lumineux.

Si l'historien n'a pu complètement se dégager,
le poète se montre toujours :

« Qui lirait quatre volumes, lorsqu'on a bien de la
peine à lire les feuilletons d'une Gazette ? J'écrivais
l'histoire ancienne, et l'histoire moderne frappait à ma
porte ; en vain, je lui criais : « Attendez, je vais à vous. »
Elle passait au bruit du canon, en emportant trois générations de rois. »

— « Qui d'entre nous survivra à son temps ? Savons-
nous comment s'appelaient ces milliers de soldats qui
ont gagné les grandes batailles de l'armée populaire ? Ils
sont tombés aux yeux de leurs camarades, morts un moment après à leurs côtés. Des généraux qui peut-être
n'eurent aucune part au succès, sont devenus les illégi-
times héritiers de ces obscurs enfants de l'honneur et
de la gloire. Une nation n'a qu'un nom ; les individus,
plébéiens ou patriciens, ne sont eux-mêmes connus que
par quelques-uns d'entre eux, jouets ou favoris de la
fortune. »

— « Que, dans la fièvre révolutionnaire, il se soit
trouvé d'atroces sycophantes, engraissés de sang, comme
des vermines immondes qui pullulent dans les voiries ;
que des sorcières plus sales que celles de Macbeth aient
dansé en rond autour du chaudron où l'on faisait bouillir
les membres déchirés de la France, soit ; mais que l'on
rencontre aujourd'hui des hommes qui, dans une société
paisible et bien ordonnée, se constituent les meilleurs
apologistes de ces brutales orgies.... voilà ce qui ne se
comprend pas. »

S'il y a des erreurs de jugement, elles tiennent
moins chez Chateaubriand à une fausseté de l'esprit qui était vif et sain, qu'à l'insuffisance de

son système, et surtout à la prépondérance de sa vaste imagination, toujours plus magnifique que féconde.

Son autre livre *L'Essai sur la littérature anglaise,* publié en 1836, fut tout à fait une déception. Au lieu d'un examen complet et analytique des poètes et des prosateurs de l'Angleterre, il se copia lui-même ; il était dans un de ces moments de détresse qu'il avait déjà connus, après la publication de la *Monarchie selon la Charte,* époque ou il avait tout vendu, même sa bibliothèque, et où il écrivait ce billet à M. de Vitrolles :

« Faites savoir au roi que j'en suis réduit à ne pouvoir donner à Mme de Chateaubriand les remèdes qu'on lui prescrit ; elle doit prendre du lait d'ânesse, et je n'ai pas cinquante louis pour acheter une ânesse. »

L'ouvrage reproduit d'abord une partie des *Études historiques,* puis une étude brillante qu'il avait écrite sur les quatre Stuarts, et même des fragments de l'article paru dans le *Mercure* de 1802. Au lieu d'un travail nouveau, c'est presque en totalité un emprunt à ses œuvres déjà publiées. Il fait mieux, il pille à son profit ses *Mémoires* qui ne devaient paraître qu'àprès sa mort ; et cependant qui mieux que lui pouvait comprendre et sentir le génie anglais ? Au lieu de ces lambeaux de pourpre, habilement cousus l'un à l'autre, que n'a-t-il sérieusement scruté et analysé le poète

d'*Hamlet* et de *Macbeth*, et ces *Lakistes* si péné-
trants et si intimes ? Il ne fait que glisser sur de
pareils sujets. Pourquoi, au lieu d'être susceptible,
et se justifier de n'avoir pas répondu à un billet
de Lord Byron, encore étudiant à Cambridge,
pourquoi n'avoir pas présenté largement au public
français, dans toute leur ampleur et leur originalité, les poèmes de l'auteur de *Parisina* ? N'était-ce
donc rien que *Lara*, *Manfred* et le *Giaour* ? Pourquoi n'a-t-il pas mieux étudié l'influence du pro-
testantisme sur l'esprit littéraire anglais ? C'est
un chapitre à peine esquissé. La vie et le caractère de Martin Luther, dont les détails sont puisés
dans des livres de seconde main, tiennent au
contraire trop de place.

Chateaubriand reconnaît qu'il n'a écrit cet
Essai que pour servir d'introduction à sa traduction du *Paradis Perdu*, commencée, abandonnée
et reprise pendant trente ans. Il parle éloquemment de Milton, et il montre fort bien que les
révolutions l'ont rapproché de nous ; qu'il était
un aussi grand écrivain en prose qu'en vers ; que
pendant sa vie la prose le rendit célèbre, la poésie
après sa mort. Toute cette partie est étudiée et
faite avec plus de soin ; mais, bientôt après, il
s'occupe de tout, du présent, du passé et de
l'avenir, il erre çà et là ; quand il rencontre le
moyen âge, il en parle ; quand il se heurte contre
la Réformation, il s'y arrête ; quand il trouve la
révolution d'Angleterre, elle lui remet la nôtre en

mémoire, et il en cite les hommes et les faits. Si un royaliste anglais est jeté en geôle, il songe à son arrestation par M. Gisquet et au logis qu'il occupait sous Louis-Philippe, à la préfecture de police ; en un mot, la littérature anglaise n'est « qu'un canevas pour ses broderies » ; il l'avoue.

Mais, dans ses dernières œuvres, nous avons une exception à faire : c'est pour le *Congrès de Vérone*, un de ses livres où Chateaubriand a accumulé le plus de beautés de divers ordres.

Non pas qu'il ait pleinement convaincu ses lecteurs, sur la légitimité et l'opportunité de l'acte qu'il appelle toujours *ma Guerre* ; mais il n'a jamais mieux écrit, avec plus de justesse et d'esprit, et avec une forme plus concentrée, sans rejeter toutefois la goutte d'amertume qui reste toujours au fond du vase. Le portrait de Louis XVIII et la peinture du conseil des ministres sont vraiment plaisants et d'une malice assaisonnée de désenchantement :

« Les rois n'ont pas plus d'attraits pour nous que nous n'en avons pour eux ; nous les avons servis de notre mieux, mais sans intérêt et sans illusions. Louis XVIII nous détestait ; il avait, à notre endroit, de la jalousie littéraire. S'il n'eût été roi, il aurait été membre de l'Académie, et il était féru à l'esprit de l'antipathie des classiques contre les romantiques. Sa Majesté nous connaissait peu ; nous lui cédions très volontiers la palme ; nous ne disputons rien à personne, pas même à un poète porte-sceptre. Nous ne sachons pas un homme de

lettres, derrière lequel nous ne soyons très sincèrement
et très humblement disposé à nous éclipser.

« Cependant nous parvînmes à plaire au roi, plus
qu'on aurait pu le penser et de manière à faire peur de
notre crédit à nos collègues. Sa Majesté s'endormait
souvent au Conseil et elle avait bien raison. Si elle ne
dormait pas, elle racontait des histoires. Elle avait un
talent de mime admirable : cela n'amusait pas M. de
Villèle, qui voulait faire des affaires. M. de Corbière
mettait sur la table ses coudes, sa boîte à tabac et son
mouchoir bleu ; les autres ministres écoutaient silencieusement. Nous ne pouvions nous empêcher de nous
divertir des récits de Sa Majesté ; le roi était visiblement
charmé. Quand il s'aperçut de son succès, avant de commencer une histoire, il y cherchait une excuse et disait
avec sa petite voix claire : « Je vais faire rire M. de Chateaubriand » ; et en effet, nous étions, dans cette occa-
sion, courtisan si naturel, que nous riions, comme si
nous en avions reçu l'ordre. »

A côté des chapitres de politique et d'histoire,
où le caractère de l'Espagne et de ses hommes
d'État est magistralement peint ; à côté des personnages réunis au Congrès, il y a toute une
partie familière. Chateaubriand excelle dans ce
double rôle de l'écrivain. Son portrait de l'empereur Alexandre garde toute la poésie qui entoure
cette figure mélancolique et troublée ; et au milieu
des lettres diplomatiques, on rencontre des pages,
pleines d'humour, sur l'intérieur même du ministère des affaires étrangères :

« Le cabinet noir n'était pas encore aboli ; on nous envoyait ce qui regardait notre département ; une lettre d'un fat de Vienne nous tomba par hasard entre les mains ; il écrivait à Paris à une femme malheureuse. On avait pris cela pour des affaires étrangères. Nous n'avions pas d'audiences à heure fixe ; entrait qui voulait, la porte était toujours ouverte. Parmi les besoigneux d'argent et d'intrigues de toutes les sortes, s'avançaient en procession vers la rue des Capucines de mystérieux butors, personnages vêtus d'un habit brun boutonné, ressemblant à de sérieux et inintelligents bahuts remplis de papiers secrets ; venaient des mouchards en enfance, à chevrons, de la République, de l'Empire et de la Restauration : oubliant ce qu'ils devaient taire, ils disaient de chacun des choses étranges ; puis se présentaient des marchands de songes ; nous n'en achetâmes pas ; nous en avions à revendre. Des messieurs remirent entre nos mains de gros mémoires, chargés de notes et de notules explicatives et corroboratrices. Se produisirent des dames utiles qui faisaient de l'amour avec des romans, comme on faisait des romans avec l'amour jadis. Ceux-ci nous demandaient des places, ceux-là des secours ; tous se dénonçaient les uns les autres ; tous se seraient pris aux cheveux, n'était que ces espèces de morts de tous les régimes étaient chauves. Il y en avait de bien sales, il y en avait de bien singuliers ; ils se tenaient à quatre pour n'être pas bêtes, mais ils ne pouvaient s'en empêcher. Un vénérable prélat voulut bien nous consulter : homme de mœurs sévères et de religion sincère, il luttait pourtant en vain contre une nature parcimonieuse ; il ne se servait la nuit dans sa chambre que de la lune, et s'il avait eu le malheur de perdre son âme, il ne l'aurait pas rachetée. »

C'est charmant.

Et le chapitre continue, avec cette verve gouail-

leuse et sans merci, le tout mêlé aux correspon-
dances des diplomates, et à la justification que
tente Chateaubriand de n'avoir pas aidé par « sa
guerre » à l'émancipation des colonies espagnoles.
Le livre se termine par le récit de son renvoi
du ministère. Il fut chassé ; et dix ans après,
la blessure saignait encore. Les deux êtres, bien
distincts, qui existaient dans sa personne et qui
n'avaient aucune communication l'un avec l'autre,
se dévoilent successivement dans cette œuvre
si remarquable. On avait compté, après son
renvoi, sur de la platitude, sur des pleurni-
cheries, sur son empressement à se déclarer
lui-même coupable ; c'était mal le connaître.
Il refusa les condoléances et il prit les armes.
Son opposition implacable atteignit au cœur la
Restauration.

Vainement dans les derniers feuillets de ce
beau livre, le *Congrès de Vérone*, Chateaubriand
attend avec confiance le jugement de l'histoire.
Pour se rassurer contre son verdict, il finit en citant
les éloges que Napoléon lui donnait à Sainte-
Hélène, paroles « qui chatouillaient de son cœur
l'orgueilleuse faiblesse », puis il fait l'appel de
tous les hauts personnages qui siégeaient avec lui
au Congrès, et qui étaient morts.

Déjà, en traversant Vérone en 1833, cette ville,
si animée par la présence des souverains de l'Europe en 1822, était retournée au silence. Le Congrès était aussi passé dans ses rues solitaires que

la cour des Scaligieri et le sénat des Romains :

« Les arènes dont les gradins s'étaient offerts à mes
regards, chargés de cent mille spectateurs, étaient dé-
sertes ; les édifices que j'avais admirés sous l'illumina-
tion brodée à leur architecture, s'enveloppaient gris et
nus dans une atmosphère de pluie..... J'envie ceux qui
sont partis avant moi. Comme les soldats de César à
Brindes, du haut des rochers du rivage, je jette ma vue
sur la grande mer ; je regarde vers l'Epire, dans l'attente
de voir revenir les vaisseaux qui ont passé les premières
légions, pour m'enlever à mon tour. Si tant d'hommes
couchés avec moi sur le registre du Congrès se sont fait
inscrire à l'Obituaire ; si des peuples et des dynasties
royales ont péri ; si la Pologne a succombé ; si l'Espagne
est de nouveau anéantie, si je suis allé à Prague, m'en-
quérant des restes fugitifs de la grande race dont j'étais
le représentant à Vérone, qu'est-ce donc que les choses
de la terre ? Prestige du génie ! Personne ne se souvient
des discours que nous tenions à la table du prince de
Metternich, et aucun voyageur n'entendra jamais chanter
l'alouette dans les champs de Vérone, sans se rappeler
Shakespeare. »

O poète, dirons-nous à notre tour, on oubliera
votre ministère des affaires étrangères, et vos
dépêches diplomatiques, et vos discours à la
Chambre de Paris, et l'on relira toujours quelques-unes des pages dans lesquelles vous racontez
vos impressions à propos du Congrès de Vérone ;
jamais vous n'avez mieux fait subir à vos lecteurs
la fascination que laisse ce prestige du génie dont
vous parlez si bien, en évoquant le souvenir des

jeunes amours de Roméo et de Juliette! Il semble
que votre grand talent ait gagné plus de précision,
avec une forme de phrase moins flottante !

Il nous resterait à dire un mot de la *Vie de
Rancé*, parue quelques années avant la mort de
Chateaubriand. Mais est-ce là un livre ? Est-ce
bien du moins celui qu'on attendait d'un vieillard,
à propos d'un si grave sujet ? Etait-ce le ton qui
convenait à une pareille œuvre ? Ce style décousu,
prétentieux, heurté, avec des dissonances et des
disparates, ces boutades qui ne sont pas à leur
place, ces hardiesses d'une fantaisie, qui n'est plus
jeune, étonnent les admirateurs de Chateaubriand.
Que dire de phrases comme celles-ci :

A propos des lettres de Ninon de Lenclos :

« Le *Siècle de Louis XIV* achève de défiler derrière le
transparent tendu par la main d'une nouvelle habitante
de Céo ! »

Quant aux réponses de Saint-Evremond :

« On reconnaissait parmi les étrangers ces éclats
détachés de la planète de la France, et qui formaient de
petites sphères indépendantes de la région dans laquelle
elles tournaient. »

Veut-il peindre Marcelle de Castellane qui
épousa le duc de Guise :

« A travers un double lis transpiraient les roses de la
jeune fille. »

Il y a des apophtegmes comme celui-ci :

« Quiconque est voué à l'avenir a au fond de sa vie un roman, pour donner naissance à la légende, mirage de l'histoire. »

Parlant de la mère Louise, qui n'était autre que Louise Roger de la Mardelière, appelée la Belle Louison, jadis maîtresse de Gaston d'Orléans :

« Partout, dans le changement de mœurs qui s'opérait, les pénitentes échappées du monde avaient dressé des embûches pour s'emparer des Repentirs, comme il y avait des pécheresses qui cherchaient à retenir des déserteurs. »

S'agit-il de jugements historiques :

« Le château de Veretz fut démoli pendant la Révolution, piscine de sang où se lavèrent les immoralités qui avaient souillé la France »

Et ce portrait du cardinal de Retz :

« Suspect à Richelieu, ayant eu l'audace de mugueter ses femmes, le Lovelace tortu et batailleur fut obligé de s'enfuir. Il représentait son temps dont il était à la fois l'objet et le réflecteur. Le coadjuteur finit ses jours en silence, vieux réveille-matin détraqué. Il avait la faculté de changer de forme, comme certains scarabées vénéneux. Il inspectait les lambeaux de ce qu'il fut pour se recon-

naître ; il éventait des iniquités, afin de se former une idée
semblable de lui-même. Il contrariait l'avenir de Dieu. »

Nous ne poursuivrons pas ces citations pénibles,
nous en trouverions d'autres à faire. Quelques
aperçus brillants sur la société du XVIIe siècle,
quelques retours mélancoliques sur le passé et
sur le peu de durée des affections ne peuvent
faire amnistier l'incohérence des idées, la pauvreté de la conception et cette forme alambiquée,
et quelquefois indéchiffrable. C'est pour obéir aux
ordres du directeur de sa conscience, l'abbé Sé-
guin, qu'il avait écrit ce livre. On voit que c'est
une pénitence.

Il y a cependant sur les lettres d'amour deux
pages délicieuses :

« D'abord les lettres sont longues, vives, multipliées ; le
jour n'y suffit pas ; on écrit au coucher du soleil ; on
trace quelques mots au clair de la lune, chargeant sa lumière, chaste, silencieuse, discrète, de couvrir de sa pu-
deur mille désirs. On s'est quitté à l'aube ; à l'aube on
épie la première clarté pour écrire ce que l'on croit avoir
oublié de dire dans des heures de délices. Mille serments
couvrent le papier, où se reflètent les roses de l'aurore ;
mille baisers sont déposés sur les mots qui semblent
croître du premier regard du soleil : pas une idée, une
image, une rêverie, un accident, une inquiétude qui
n'ait sa lettre.

« Voici qu'un matin quelque chose de presque insensible se glisse sur la beauté de cette passion, comme une
première ride sur le front d'une femme adorée..... »

Mais hélas ! Chateaubriand s'est encore une fois copié lui-même. Le morceau est tiré de l'*Essai sur la littérature anglaise*.

Heureusement, pour la gloire de Chateaubriand, ce n'est pas la *Vie de Rancé* qui clôt sa carrière littéraire.

CHAPITRE XII.

Nous touchons à une œuvre admirable, celle qu'il a le plus travaillée, après certaines pages des *Martyrs*; nous voulons parler des *Mémoires d'outre-tombe*

Pourquoi, quand ils parurent, ne reçurent-ils pas du public l'accueil qu'ils méritaient? Bien des causes à la fois morales et matérielles pourraient être invoquées pour expliquer ce que nous appellerons une aberration du goût. Et d'abord : paraître au bas d'un journal politique, comme un roman du jour, haché, coupé par des incidents, interrompu à chaque instant, servir d'intermède aux *Mémoires d'un médecin*, la pièce de résistance qu'on servait aux lecteurs de la *Presse*, y avait-il des conditions de publication à la fois plus désavantageuses et plus humiliantes ? Et à quel moment les divines pages, qui racontent la jeunesse de Chateaubriand, étaient-elles mises sous les yeux du public ? A l'une des époques les plus dramatiques

de notre histoire, du 21 octobre 1848 au 3 juillet
1850, c'est-à-dire pendant l'élection du 10 décembre, pendant les luttes furieuses à la tribune
de la bourgeoisie contre le socialisme, presqu'au
lendemain de la bataille sanglante de juin, pendant l'expédition de Rome, pendant les élections
de la Législative, pendant la lutte sourde et
continue du Président de la République contre
les représentants du pays (1).

Les premiers *Paris* du journal, pour employer
le jargon contemporain, étaient souvent plus
recherchés que les colonnes du feuilleton.

Si du moins, lorsque les *Mémoires d'outre-tombe*
ont été recueillis en volume, ils avaient eu meilleure fortune ; mais, outre le format coûteux,
les éditeurs avaient conservé les découpures qui
avaient été données au feuilleton, avec de petits
chapitres et même des sous-titres dont quelques-
uns sont curieux, comme ceux-ci : *Fantôme
d'Amour* et *Incantation*, dans le tome premier. Il
en résultait dans l'esprit du lecteur un préjugé
contre le défaut de plan et de coordination, défaut
capital que les beautés de style ne sauraient pal-
lier ; et cependant, nul écrivain, plus que Chateaubriand, n'avait prisé haut la composition, le
respect des grandes lignes. A défaut d'autre
mérite, tous ses livres, même les moins célèbres,
ont une ordonnance savante et variée.

Ses *Mémoires* n'ont pas été conçus autrement

(1) Voir le travail de M. Biré sur ce point.

que ses livres ; **les** *Mémoires d'outre-tombe*
a-t-on dit, c'est *René*, avec les pièces justificatives. C'est plus encore : c'est un poème
dont il est le héros. « Quiconque est poète à ce
degré, reste poète jusqu'à la fin. » Que sont les
Mémoires d'outre-tombe, si ce n'est la biographie
de son âme ?

Dans sa préface testamentaire, publiée en 1834,
il disait expressément : « Les *Mémoires* sont
divisés en parties et en livres. » La division en
quatre parties est certaine ; mais la division
des *Mémoires* en livres ne l'est pas moins. En
veut-on la preuve ? En 1826, Chateaubriand
avait autorisé Mme Récamier à prendre copie
du début de ses *Mémoires* depuis sa naissance
jusqu'à sa dix-huitième année, lorsqu'il se rend
à Cambrai, pour y rejoindre le régiment de Navarre , avec un brevet de sous-lieutenant.

Ce manuscrit a été publié en 1874 par Mme Charles
Lenormant, sous ce titre : *Souvenirs d'enfance*
et de jeunesse de Chateaubriand. Il comprend trois
livres sans titres, et il n'est pas divisé en chapitres.

Une distribution nouvelle de l'ouvrage, conforme
aux divisions établies par Chateaubriand, donnerait
donc à ses *Mémoires* leur physionomie véritable.
On verrait alors que loin d'être une série de
fragments sans symétrie, tracés de verve, suivant
le caprice du jour, c'est une pièce, en quatre actes,
parfaitement nouée, avec des espèces de prologues

mis en tête de chaque livre, qui ne sont pas des hors-d'œuvre, « qui entrent au contraire profon- « dément dans le récit principal, tant ils servent « admirablement à désigner l'heure, le lieu, l'ins- « tant, la disposition d'âme et d'esprit dans lesquels « l'auteur pense, écrit et raconte ». Dans cette merveilleuse esquisse de la vie de Napoléon, on croit ne voir qu'une digression ; c'est une appa- rence. L'artiste cherchait une opposition pour mieux souligner le courage et l'originalité de son attitude hostile, et il a trouvé ce contraste. C'était pour mieux avoir le droit de pousser le cri de la jus- tice opprimée et des lettres muselées. C'est aussi la préface de sa vie politique, de même que la descrip- tion de la société de la fin du xviii° siècle avait été la préface de sa vie littéraire.

Les générations nouvelles, sans attaches avec le passé, comprendront de plus en plus les beautés de cette œuvre unique. Les hommes politiques que Chateaubriand a le plus attaqués, tout- puissants encore, au moins dans les assemblés, lorsque les *Mémoires* furent publiés, sont entrés dans le tombeau avec les passions qui les ani- maient.

Bien qu'il ne soit ni une confession, ni un acte de repentir, il n'y a pas de livre plus original. Qu'on ne lui cherche pas d'analogie avec les *Mé- moires*, si nombreux dans notre littérature, et par- ticulièrement avec ceux de Saint-Simon. Quelle différence entre les deux personnages ! L'un est

comme l'espion de son siècle, l'autre en est le
poète ; l'un, grand peintre d'histoire, pousse la
sagacité et les facultés de dissection jusqu'à la di-
vination, l'autre ne connaît guère que lui-même,
et étale magnifiquement son *moi* ; tous les deux
admirables écrivains à coup sûr, mais avec toutes
les différences qu'apportent chez les esprits les plus
originaux, les différences d'éducation et le spectacle d'événements si opposés.

La dernière de ses amies, Mme Récamier, avait tout
fait pour éveiller la curiosité, autour des *Mémoires*
de Chateaubriand. Nous rappelons que des lectures
partielles, auxquelles avaient été conviés le monde
littéraire le mieux trié et la haute société parisienne,
avaient eu lieu à l'Abbaye-aux-Bois : le cadre
avait été habilement disposé et tout était préparé
pour produire de l'effet. Sainte-Beuve, qui n'avait
pas encore écrit *Chateaubriand et son groupe
littéraire sous l'Empire*, avait sonné avec éclat
la trompette triomphale. On avait été séduit et
emporté. Avec une édition conforme à la pensée
du maître, tous le seront encore.

Entrons donc à la suite de Chateaubriand dans
le monument qu'il a laissé, non pas que toutes
les parties soient également parfaites, non pas
que dans ces dix volumes, on ne rencontre pas
des recherches de fausse simplicité et des abus
de néologisme ; mais les lignes sont tellement
nobles et harmonieuses ; il y a dans les moindres
détails de la construction, des qualités si franches,

si vigoureuses, un tel sentiment de la beauté,
une telle variété et une telle sincérité de tons,
que les *Mémoires* sont peut-être après *René* le
chef-d'œuvre de leur auteur. Qu'on ne croie pas
que l'idée de Chateaubriand ait été de se peindre,
en descendant jusqu'à des confidences. Le nom de
la personne qu'il a le plus aimée, nous nous en sou-
venons, ne s'y trouve même pas. Il y fait à peine
une allusion discrète, lorsqu'en 1833 se re trouvant
à Venise et se promenant au Lido, il se rappelle
son ancien départ de cette ville pour l'Orient et les
malheurs qui ont suivi son rendez-vous mystérieux en Espagne ; on sent passer, au milieu des
descriptions et des traits de caractère, au milieu
des récits enjoués et des idéales rêveries, on sent
passer des secrets voilés.

Les premières années de cette vie étrange à
Saint-Malo et à Combourg et la crise de l'adolescence sont les plus connues ; ce sont aussi les
parties qui remontent par leur rédaction à la
seconde manière du style de Chateaubriand, la
meilleure. L'intérieur de Combourg a gardé tant
de relief !

« Mon père se levait à quatre heures du matin, hiver
comme été ; il venait dans la cour intérieure appeler et
éveiller son valet de chambre, à l'entrée de l'escalier de
la tourelle. On lui apportait un peu de café à cinq heures ;
il travaillait ensuite dans son cabinet juqu'à midi. . Je
n'avais aucune heure fixe, ni pour me lever, ni pour
déjeuner ; j'étais censé étudier jusqu'à midi ; la plupart

Le salon de Mme Récamier à l'Abbaye-aux-Bois.

du temps, je ne faisais rien... A huit heures la cloche annonçait le souper. Après le souper, dans les beaux jours, on s'asseyait sur le perron. Mon père, armé de son fusil, tirait les chouettes qui sortaient des créneaux à l'entrée de la nuit. Ma mère, Lucile et moi, nous regardions le ciel, les bois, les derniers rayons du soleil, les premières étoiles. A dix heures, on rentrait et l'on se couchait.

« Les soirées d'automne et d'hiver étaient d'une autre nature. Le souper fini et les quatre convives revenus de la table à la cheminée, ma mère se jetait, en soupirant, sur un vieux lit de jour de siamoise flambée; on mettait devant elle un guéridon avec une bougie. Je m'asseyais auprès du feu avec Lucile; les domestiques enlevaient le couvert et se retiraient. Mon père commençait alors une promenade, qui ne cessait qu'à l'heure de son coucher. Il était vêtu d'une robe de ratine blanche, ou plutôt d'une espèce de manteau que je n'ai vu qu'à lui. Sa tête demi-chauve était couverte d'un grand bonnet blanc qui se tenait tout droit. Lorsqu'en se promenant il s'éloignait du foyer, la vaste salle était si peu éclairée par une seule bougie qu'on ne le voyait plus; on l'entendait seulement encore marcher dans les ténèbres : puis il revenait lentement vers la lumière et émergeait peu à peu de l'obscurité, comme un spectre, avec sa robe blanche, son bonnet blanc, sa figure longue et pâle. Lucile et moi, nous échangions quelques mots à voix basse, quand il était à l'autre bout de la salle; nous nous taisions quand il se rapprochait de nous. Il nous disait en passant : « De quoi parliez-vous? » Saisis de terreur, nous ne répondions rien; il continuait sa marche. Le reste de la soirée, l'oreille n'était plus frappée que du bruit mesuré de ses pas, des soupirs de ma mère et du murmure du vent.

Dix heures sonnaient à l'horloge du château : mon père s'arrêtait; le même ressort qui avait soulevé le

marteau de l'horloge, semblait avoir suspendu ses pas.
Il tirait sa montre, la montait, prenait un grand flambeau
d'argent surmonté d'une grande bougie, entrait un moment dans la petite tour de l'ouest, puis revenait, son
flambeau à la main, et s'avançait vers sa chambre à coucher, dépendant de la petite tour de l'est. Lucile et moi,
nous nous tenions sur son passage ; nous l'embrassions,
en lui souhaitant une bonne nuit. Il penchait vers nous
sa joue sèche et creuse, sans nous répondre, continuait
sa route, et se retirait au fond de la tour, dont nous
entendions les portes se refermer sur lui. »

La peinture des commencements de la Révolution, le voyage en Amérique, la campagne de
Thionville pendant l'émigration sont autant de
chapitres qu'on relit. Le séjour de Chateaubriand
à Londres, son indigence, le contraste de ce
dénûment avec les richesses qui l'entourent, et les
jeunes Misses qu'il voit passer à cheval dans les
allées d'Hyde-Park, « avec cette confusion dési-
reuse, que lui faisait éprouver sa sylphide » et
l'apparition de Charlotte, tout cela ne peut faire
oublier la nuit passée dans l'Abbaye de Westminster :

« Ayant voulu contempler, au jour tombé, l'intérieur de
la basilique, je m'oubliai dans l'admiration de cette architecture, pleine de fougue et de caprice. Dominé par le
sentiment de la vastité sombre des églises chrétiennes,
j'errais à pas lents, et je m'anuitai : on ferma les portes.
J'essayai de trouver une issue ; j'appelai l'*Usher*. Tout
ce bruit, épandu et délayé dans le silence, se perdit ; il

fallut me résigner à coucher avec les défunts. Après
avoir hésité dans le choix de mon gîte, je m'arrêtai près
du mausolée de Lord Chatham, au bas du jubé et du
double étage de la chapelle des Chevaliers et de Henri VII.
A l'entrée de ces escaliers, de ces ailes fermées de grilles,
un sarcophage, engagé dans le mur, vis-à-vis d'une mort
de marbre, armée de sa faux, m'offrit son abri. Le pli d'un
linceul, également de marbre, me servit de niche ; à
l'exemple de Charles-Quint, je m'habituais à mon enterre-
ment.

« J'étais aux premières loges pour voir le monde, tel
qu'il est. Quel amas de grandeurs renfermées sous ces
dômes ! Qu'en reste-t-il ? Les afflictions ne sont pas moins
vaines que les félicités. L'infortunée Jane-Grey n'est pas
différente de l'heureuse Alix de Salisbury ; son squelette
est seulement moins horrible, parce qu'il est sans tête.
Les tournois du vainqueur de Crécy, les jeux du camp du
drap d'or de Henri VIII, ne recommenceront pas dans
cette salle des spectacles funèbres. Bacon, Newton, Milton, sont aussi profondément ensevelis, aussi passés à
jamais que leurs plus obscurs contemporains. Moi, banni,
vagabond, pauvre, consentirais-je à n'être plus la petite chose oubliée et douloureuse que je suis, pour avoir
été un de ces morts fameux, puissants, rassasiés de
plaisirs ? Oh ! la vie n'est pas tout cela ! Si, du rivage de
ce monde, nous ne découvrons pas distinctement les
choses divines, ne nous en étonnons pas ! Le temps est
un voile interposé entre nous et Dieu, comme notre pau-
pière entre notre œil et la lumière.

« Tapi sous mon linge de marbre, je redescendis de ces
hautes pensées, aux impressions naïves du lieu et du
moment. Mon anxiété mêlée de plaisir était analogue à
celle que j'éprouvais l'hiver dans ma tourelle de Combourg, lorsque j'écoutais le vent ! Un souffle et une ombre
sont de nature pareille.

« Peu à peu, m'accoutumant à l'obscurité. j'entrevis les figures placées aux tombeaux. Je regardais les encorbellements du Saint-Denis de l'Angleterre, d'où l'on eût dit que descendaient en lampadaires gothiques les événements passés et les années qui furent. L'édifice entier était comme un temple monolithe de siècles pétrifiés.

« J'avais compté dix heures, onze heures à l'horloge ; le marteau qui se soulevait et retombait sur l'airain était le seul être vivant avec moi dans ces régions. Au dehors, une voiture roulante, le cri du *Watchman,* voilà tout : ces bruits lointains de la terre me parvenaient d'un monde dans un autre monde. Le brouillard de la Tamise et la fumée du charbon de terre s'infiltrèrent dans la basilique et y répandirent de secondes ténèbres.

« Enfin un crépuscule s'épanouit dans un coin des ombres les plus éteintes; je regardais fixement croître la lumière progressive; émanait-elle des deux fils d'Edouard IV, assassinés par leur oncle ?... Dieu ne m'envoya pas ces âmes tristes et charmantes ; mais le léger fantôme d'une femme, à peine adolescente, parut, portant une lumière abritée dans une feuille de papier tournée en coquille ; c'était la petite sonneuse de cloches. J'entendis le bruit d'un baiser, et la cloche tinta le point du jour. La sonneuse fut toute épouvantée, lorsque je sortis avec elle, par la porte du cloître. Je lui contai mon aventure ; elle me dit qu'elle était venue remplir les fonctions de son père malade. Nous ne parlâmes pas du baiser. ».

L'art avec lequel Chateaubriand sait conduire un récit est tout entier dans cette page si variée de ton, depuis l'évocation des grandes ombres, le sentiment de sa misère poignante et de la fragilité humaine, cette aptitude à tirer des moindres détails ce qui peut intéresser et agrandir l'émotiou, en la précisant, tout y est, même le côté charmant de son esprit que ses intimes amis seuls connaissaient et qui amène pour conclusion de cette nuit passée dans l'Abbaye de Westminster, le baiser de la petite sonneuse de cloches.

La tristesse, qui était le fond de son âme, n'a jamais rencontré d'accents plus vrais que dans ses *Mémoires*, sans devenir jamais monotone. Le poète sait parler de ce deuil qui recouvre d'un voile même ses joies, sans être un épicurien blasé. A la fin de chaque livre, retentit cette note douloureuse qui donne un caractère d'unité à l'histoire de cette vie tourmentée ; et le lecteur attentif subit vite la contagion mélancolique :

« Si l'on pouvait dire au temps : tout beau ! on l'arrêterait aux heures des délices ; mais, comme on ne le peut, ne séjournons pas ici-bas. Allons-nous-en, avant d'avoir vu finir nos amis et ces années que le poète trouvait seules dignes de la vie : *vitâ dignior ætas* ! Ce qui enchante dans l'âge des liaisons, devient dans l'âge délaissé un objet de souffrance et de regret. On ne souhaite plus le retour des mois riant à la terre, on les craint plutôt. Les oiseaux, les fleurs, une belle soirée de la fin d'avril, une belle nuit commencée le soir avec le premier rossignol, achevée le matin avec la première hirondelle, ces choses qui donnent le besoin et le désir du bonheur, vous tuent. De pareils charmes, vous les sentez encore, mais ils ne sont plus pour vous : la jeunesse qui les goûte à vos côtés et qui vous regarde dédaigneusement, vous rend jaloux et vous fait mieux comprendre la profondeur de votre abandon. La fraîcheur et la grâce de la nature, en vous rappelant vos félicités passées, augmentent la laideur de vos misères. Vous n'êtes plus qu'une tache dans cette nature, vous en gâtez les harmonies et la suavité par votre présence, par vos paroles, et même par les sentiments que vous oseriez exprimer. Vous pouvez aimer, mais on ne peut plus vous aimer. »

Le désenchantement va croissant avec l'ennui ; et un moraliste naît en Chateaubriand, dans cette étude constante de lui-même, dans cette mise à nu de ses souffrances morales, dans cette sorte d'exaspération de sensibilité qui lui fait savourer le détachement de tout ; et en artiste qu'il est, il aime à opposer, par amour des contrastes, ses détresses de pauvre émigré, ayant faim, à ses splendeurs passagères d'ambassadeur de Sa Majesté le roi très chrétien. Il se félicite d'avoir essayé du naufrage, entrevu la guerre, partagé les douleurs des classes les plus humbles de la société, comme il s'applaudit, avec une amertume concentrée, d'avoir rencontré, dans les temps de prospérité, l'injustice et la calomnie ! « La vie sans les maux qui la rendent grave est un jouet d'enfant. »

Chacune de ses ambassades, à Berlin, à Londres, aussi bien que son arrivée au ministère, est un motif à opposer le présent et le passé, et dans ces oppositions, sa verve poétique s'épanche en rêveries sans cesse renouvelées, comme un fleuve abondant et magnifique. Mais ce fut surtout son ambassade à Rome qui le plongea, pendant quelques mois, dans cette ivresse d'imagination qui rajeunissait son talent si flexible. Il n'avait pas revu Rome depuis la mort de son amie, Mme de Beaumont, et depuis qu'il avait écrit à Fontanes cette célèbre lettre qui prouvera toujours que ce sont des yeux français qui ont le mieux vu la lumière du ciel de l'Italie. Une compagnie étrangère était venue en 1829 proposer le défrichement de la Campagne romaine.

« Ah! Messieurs, s'écrie René, grâce de vos cottages, de vos jardins anglais sur le Janicule. Si jamais ils devaient enlaidir les friches où le soc de Cincinnatus s'est brisé, sur lesquelles toutes les herbes penchent au souffle des siècles, je fuirais Rome, pour n'y remettre les pieds de ma vie. Allez traîner ailleurs vos charrues perfectionnées ; ici, la terre ne pousse et ne doit pousser que sur des tombeaux. »

Que dirait-il aujourd'hui ? Il consigne dans ses lettres à Mme Récamier ses fouilles, ses émotions, ses souvenirs. Rome et Elle, voilà son dernier songe ! Il le dit sous toutes les formes. En voyant combien le trésor de ses jours est diminué, et combien peu de temps il lui reste à se mettre aux pieds de sa dernière amie, il lui prend un serrement de cœur. Mais comme la grandeur de Rome est encore sentie ! Il y a des mots dans un billet, qui en disent plus que des pages entières : le poète jette ses rayons et ses fleurs dans le moindre détail.

« Vers onze heures, écrit-il à Mme Récamier, je me couche ou bien je retourne encore dans la campagne, malgré les voleurs et la *malaria*. Qu'y fais-je? Rien ; j'écoute le silence, et je regarde passer mon ombre de portique en portique, le long des aqueducs, éclairés par la lune. »

Une anecdote, qu'il raconte, comme il sait le faire, le montre bien ce qu'il était encore, à plus de soixante ans, avec son front dévasté, et ses beaux yeux, « qui avaient toujours été si noirs de mélancolie indifférente ». C'était à une réception solennelle à l'ambassade de France. une jeune Anglaise qu'il ne connaissait ni de nom, ni de visage, s'approcha de lui, le regarda entre les deux yeux, et lui dit : « M. de Chateaubriand, vous êtes bien malheureux ! » Et elle se perdit dans la foule. C'était bien vrai ! Pour remplir le vide de ses heures, il avait recueilli le petit chat du pape Léon XII qui venait de mourir, tout gris et fort doux, comme son ancien maître.

« C'est une belle chose que Rome pour tout oublier, mépriser tout et mourir ! »

Il avait rêvé de donner une belle fête dans la Ville éternelle. Il trouvait qu'un bal y avait quelque chose de la poésie antique, qui place la mort à côté des plaisirs. Il se donna cette joie ; et il la décrit avec une sorte de fièvre de jalousie poignante et une grandeur qui n'avait d'égale que l'horizon qui servait de cadre. C'est d'une étrange beauté :

« J'avais donné des bals et des soirées à Londres et à Paris, et bien qu'enfant d'un autre désert, je n'avais pas trop mal traversé ces nouvelles solitudes ; mais je ne m'étais pas douté de ce que pouvaient être des fêtes à Rome..... A la villa Médicis, dont les jardins sont déjà une parure et où j'ai reçu la grande duchesse Hélène, l'encadrement est magnifique : d'un côté, la villa Borghèse avec la maison de Raphaël, de l'autre la villa de Monte-Mario et les coteaux qui bordent le Tibre ; au-dessous du spectateur, Rome entière, comme un vieux nid d'aigle abandonné. Au milieu des bosquets, se pressaient, avec les descendants des Paula et des Cornélie, des beautés venues de Naples, de Florence et de Milan : la princesse Hélène semblait leur reine. Borée, tout à coup descendu de la montagne, a déchiré la tente du festin, et s'est enfui avec des lambeanx de toile et de guirlandes, comme pour nous donner une image de ce que le temps a balayé sur cette rive. L'ambassade était consternée ; je sentais je ne sais quelle gaieté ironique à voir un souffle du ciel emporter mon or d'un jour et ma joie d'une heure. Le mal a été promptement réparé. Au lieu de déjeuner sur la terrasse, on a déjeuné dans l'élégant palais : l'harmonie des cors et des hautbois, dispersée par le vent, avait quelque chose du murmure de mes forêts américaines. Les groupes qui se jouaient dans les rafales, les femmes dont les voiles tourmentés battaient leur visage et leurs cheveux, le *saltarello* qui continuait dans la bourrasque, l'improvisatrice qui déclamait aux nuages, le ballon qui s'envolait de travers avec le chiffre de la fille du Nord, tout cela donnait un caractère nouveau à ces jeux, où semblaient se mêler les tempêtes accoutumées de ma vie.

« Quel prestige pour tout homme qui n'eût pas compté son monceau d'années, et qui eût demandé des illusions au monde et à l'orage ! J'ai bien de la peine à me

souvenir de mon automne, quand, dans mes soirées, je
vois passer devant moi ces femmes du printemps qui
s'enfoncent parmi les fleurs, les concerts et les lustres de
mes galeries successives : on dirait des cygnes qui na-
gent vers des climats radieux. A quel désennui vont-
elles ? Les unes cherchent ce qu'elles ont déjà aimé, les
autres ce qu'elles n'aiment pas encore. Au bout de la
route, elles tomberont dans ces sépulcres toujours ou-
verts ici, dans ces anciens sarcophages qui servent de
bassins à des fontaines suspendues à des portiques ; elles
iront augmenter tant de poussières légères et charmantes.
Ces flots de beautés, de diamants, de fleurs et de plumes
roulent au son de la musique de Rossini, qui se répète
et s'affaiblit, d'orchestre en orchestre. Cette mélodie
est-elle le soupir de la brise que j'entendais dans les
Savanes des Florides, le gémissement que j'ai ouï dans
le temple d'Erecthée, à Athènes ? Est-ce la plainte lointaine des aquilons qui me berçaient sur l'océan ? Ma
Sylphide serait-elle cachée sous la forme de quelqu'une
de ces brillantes Italiennes ? Non : ma Dryade est restée
unie au saule des prairies où je causais avec elle de
l'autre côté de la forêt de Combourg. Je suis bien étranger à ces ébats de la société attachée à mes pas vers la
fin de ma course ; et pourtant, il y a dans cette féerie
une sorte d'enivrement qui me monte à la tête; je ne
m'en débarrasse qu'en allant rafraîchir mon front à la
place solitaire de Saint-Pierre ou au Colysée désert. Alors
les petits spectacles de la terre s'abiment et je ne trouve
d'égal au brusque changement de la scène que les anciennes tristesses de mes anciens jours. »

On sait comment il donna sa démission d'ambassadeur à Rome, au moment où M. de Polignac
fut nommé ministre des affaires étrangères.

Ses derniers songes s'envolent avec la révolution de Juillet ; il la raconte dans ses *Mémoires* avec l'âpreté d'un vaincu et l'ironie implacable du pamphlétaire qui s'est réveillé en lui, et il se console avec cette phrase :

« Mon jeune roi emportera dans ses bras les monarchies du monde. C'est bien fini. »

La gêne arrive avec son cortège de récriminations ; mais pour la décrire, comme sa plume est restée alerte !

« Argent que j'ai tant méprisé et que je ne puis aimer, quoi que je fasse, je suis forcé d'avouer que tu as pourtant ton mérite : source de la liberté, tu arranges mille choses dans notre existence, où tout est difficile sans toi ! Excepté la gloire, que ne peux-tu pas procurer ? Avec toi, on est beau, jeune, adoré. On a considération, honneurs, qualités, vertus. Vous me direz qu'avec de l'argent on n'a que l'apparence de tout cela : qu'importe, si je crois vrai ce qui est faux ? Trompez-moi bien et je vous tiens quitte du reste : la vie est-elle autre chose qu'un mensonge ? Deux créatures qui ne se conviennent pas pourraient aller chacune de son côté ; eh bien ! faute de quelques pistoles, il faut qu'elles restent là, en face l'une de l'autre, à se bouder, à se maugréer, à s'aigrir l'humeur, à s'avaler la langue d'ennui, à se manger le blanc des yeux, à se faire, en enrageant, le sacrifice mutuel de leurs goûts, de leurs penchants, de leurs façons naturelles de vivre. La misère les serre l'une contre l'autre, et dans ces liens de gueux, au lieu de s'embrasser, elles se mordent, mais non pas comme Flora mordait Pompée. »

Comme cette amère boutade soulève le voile qui couvre l'intérieur de Chateaubriand, dans les dix-huit années qui précèdent sa mort ! Mais il part pour la Suisse, et dès qu'il est en route, le charme opère, il redevient jeune ; il oublie les soucis d'argent. Il est à Altorf et un violent orage l'accueille ; les éclairs « s'entortillent » aux rochers ; les échos grossissent et prolongent le bruit de la foudre ; il est ravi :

« Depuis longtemps, je ne m'étais trouvé seul et libre rien dans la chambre où je suis enfermé ! Deux couches pour un voyageur qui veille et qui n'a ni amours à bercer, ni courses à faire. Ces montagnes, cet orage, cette nuit, sont des trésors perdus pour moi. Que de vie, cependant, je sens au fond de mon âme ! Jamais, quand le sang le plus ardent coulait de mon cœur dans mes veines, je n'ai parlé le langage des passions avec autant d'énergie que je le pourrais faire en ce moment. Il me semble que je vois sortir des flancs du Saint-Gothard ma Sylphide des bois de Combourg. Me viens-tu retrouver, charmant fantôme de ma jeunesse ? as-tu pitié de moi ? Tu le vois, je ne suis changé que de visage ; toujours chimérique, dévoré d'un feu sans cause et sans aliment, je sors du monde, et j'y entrais, quand je te créai dans un moment d'extase et de délire. Voici l'heure où je t'invoquais dans ma tour. Je puis encore ouvrir ma fenêtre pour te laisser entrer. Si tu n'es pas contente des grâces que je t'avais prodiguées, je te ferai cent fois plus séduisante ; ma palette n'est pas épuisée : j'ai vu plus de beautés et je sais mieux peindre. Viens t'asseoir sur mes genoux ; n'aie pas peur de mes cheveux ; caresse-les de tes doigts de fée ou d'ombre ; qu'ils rembrunissent sous tes baisers ! Cette tête que ces cheveux qui tombent n'assagissent point, est tout aussi folle qu'elle l'était lorsque je te donnai l'être, fille aimée de mes illusions, doux fruit de mes mystérieuses amours avec ma première solitude ! Viens, nous monterons encore ensemble sur nos nuages ; nous irons avec la foudre sillonner, illuminer, embraser les précipices où je passerai demain. Viens ! emporte-moi, comme autrefois ; mais ne me rapporte plus.

« On frappe à ma porte : ce n'est pas toi ! c'est le guide ! Les chevaux sont arrivés, il faut partir. De ce songe, il ne reste que la pluie, le vent et moi, songe sans fin, éternel orage. »

Ce sont ces pages, d'une suavité magique, qu'on rencontre nombreuses, dans les *Mémoires d'outre-tombe* ; ce sont ces phrases « qui semblent couler d'une lèvre d'or », et qui placent ce livre au premier rang.

Lorsqu'il eut accepté le rôle de représentant de la légitimité, et que, de la part de la prisonnière Blaye, il va trouver la prisonnière du Temple, et négocier entre la duchesse de Berry et la duchesse d'Angoulême un nouveau pacte de famille, la fantaisie galope à côté de lui ; il voyage dans une calèche, autrefois construite à l'usage du prince de Talleyrand, et dans cette course à travers la Bavière et la Bohême, les incidents du voyage sont des prétextes pour toutes les envolées de son imagination toujours puissante et passionnée. Nous sommes embarrassé dans le choix des merveilles de style à citer. Ainsi, du fond de sa calèche, il regarde se lever les étoiles, et il adresse à Cynthie (un nom de fantaisie qui cachait un souvenir de Rome, retrouvé à Paris) ces paroles à qui il ne manque que la forme du vers, et qui sont modulées comme des stances :

« N'ayez pas peur, Cynthie ; ce n'est que la susurration des roseaux inclinés par notre passage dans leur forêt mobile. J'ai un poignard pour les jaloux et du sang pour toi. Que le tombeau ne vous cause aucune épouvante ; c'est celui d'une femme jadis aimée comme vous ! Cecilia Metella reposait ici.

« Qu'elle est admirable, cette nuit dans la Campagne romaine ! La lune se lève derrière la Sabine pour regarder la mer ; elle fait sortir des ténèbres diaphanes les sommets cendrés de bleu d'Albano, les lignes plus lointaines et moins gravées du Soracte. Le long canal des vieux aqueducs laisse échapper quelques globules de son onde, à travers les mousses, les ancolies, les giroflées, et joint les montagnes aux murailles de la ville. Plantés les uns sur les autres, les portiques aériens, en découpant dans le ciel, promènent dans les airs le torrent des âges et le cours des ruisseaux.

« Asseyons-nous ! le pin, comme le chevrier des Abruzzes, déploie son ombrelle parmi des ruines. La lune neige sa lumière sur la couronne gothique de la tour du tombeau de Metella et sur les festons de marbre enchaînés aux cornes des bucranes ; pompe élégante qui nous invite à jouir de la vie, sitôt écoulée.

« Ecoutez ! la nymphe Egérie chante au bord de sa fontaine ; le rossignol se fait entendre dans la vigne de l'hypogée des Scipions ; la brise alanguie de la Syrie nous apporte indolemment la senteur des tubéreuses sauvages. Le palmier de la villa abandonnée se balance, à demi noyé dans l'améthyste et l'azur des clartés phébéennes. Mais toi, pâlie par les reflets de la candeur de Diane, ô Cynthie, tu es mille fois plus gracieuse que le palmier. Les mânes de Délia, de Lalagé, de Lydie, de Lesbie, posés sur des corniches ébréchées, balbutient autour de toi des paroles mystérieuses. Tes regards se croisent avec ceux des étoiles et se mêlent à leurs rayons..... »

Un rien suffit pour renouveler dans l'âme du voyageur les mélancolies et les regrets du passé ; mais quelle tournure Chateaubriand sait donner aux moindres lieux-communs !

« En sortant de Berneck, le chemin est bordé de peupliers dont l'avenue tournoyante m'inspirait je ne sais quel sentiment mêlé de plaisir et de tristesse. En fouillant dans ma mémoire, j'ai trouvé qu'ils ressemblaient aux peupliers dont le grand chemin était aligné autrefois du côté de Paris, à l'entrée de Villeneuve-sur-Yonne. Mme de Beaumont n'est plus, M. Joubert n'est plus ; les peupliers sont abattus, et, après la quatrième chute de la monarchie, je passe au pied des peupliers de Berneck. « Donnez-moi, dit saint Augustin, un homme qui aime, et il comprendra ce que je dis. »

« La jeunesse se rit de ces mécomptes ; elle est charmante, heureuse. En vain, vous lui annoncez le moment où elle en sera à de pareilles amertumes ; elle vous choque de son aile légère et s'envole aux plaisirs ; elle a raison, si elle meurt avec eux... Il est nuit quand je traverse Bamberg. Tout dort, je n'aperçois qu'une petite lumière dont la clarté débile vient du fond d'une chambre pâlir à une fenêtre. Qui veille ici ? le plaisir ou la douleur ? l'amour ou la mort ? »

A mesure qu'il revenait vers la France, les enfants devenaient plus bruyants dans les hameaux, les postillons allaient plus vite ; la vie renaissait. A Bischofsheim, où Chateaubriand dînait, une jolie curieuse se présenta à son grand couvert ; une hirondelle à la poitrine rougeâtre se vint percher à la fenêtre ouverte, sur la barre de fer qui soutenait l'enseigne du Soleil-d'Or ; puis elle ramagea le plus doucement du monde, en le regardant d'un air de connaissance :

« François, lui dit-elle, ma trisaïeule logeait à Combourg, sous les chevrons de la couverture de ta tourelle ; tu lui tenais compagnie chaque année en automne, dans les roseaux de l'étang, quand tu rêvais le soir, avec ta Sylphide. Elle aborda ton rocher natal le jour même que tu t'embarquais pour l'Amérique, et elle suivit quelque temps ta voile. Ma grand'mère nichait à la croisée de Charlotte ; huit ans après, elle arrivait à Jaffa avec toi ; tu l'as remarqué dans ton itinéraire, ma mère, en gazouillant à l'aurore, tomba un jour par la cheminée dans ton cabinet *aux affaires étrangères* ; tu lui ouvris la fenêtre. Ma mère a eu plusieurs enfants ; moi qui te parle, je suis de son dernier nid : je t'ai déjà rencontré sur l'ancienne voie de Tivoli, dans la Campagne de Rome : t'en souviens-tu ? mes plumes étaient si noires et si lustrées ! tu me regardais tristement. Veux-tu que nous nous envolions ensemble ?

— « Hélas ! ma chère hirondelle qui sais si bien mon histoire, tu es extrêmement gentille ; mais je suis un pauvre oiseau mué et mes plumes ne reviendront plus : je ne puis donc m'envoler avec toi. Trop lourd de chagrins et d'années, me porter te serait impossible. Et puis où irions-nous ? le printemps et les beaux climats ne sont plus de ma saison. A toi l'air et les amours, à moi la terre et l'isolement! Tu pars ; que la rosée rafraîchisse tes ailes ! qu'une vergue hospitalière se présente à ton vol fatigué, lorsque tu traverseras la mer d'Ionie! qu'un octobre serein te sauve du naufrage ! Salue pour moi les oliviers d'Athènes et les palmiers de Rosette. Si je ne suis plus quand les fleurs te ramèneront, je t'invite à mon banquet funèbre : viens au soleil couchant happer des moucherons sur l'herbe de ma tombe : comme toi, j'ai aimé la liberté et j'ai vécu de peu. »

C'est aussi beau que la chanson des enfants de l'île de Rhodes, quand ils saluaient le retour de la fille de Pandion. L'imagination toujours fraîche et ingénieuse de Chateaubriand se rapproche de l'antiquité ; il a goûté du miel des abeilles de l'Hymète. Mais c'est surtout le poète que nous avons montré dans ses immortels *Mémoires*. Le pamphlétaire y est aussi vivant ; et le dernier volume contient des portraits politiques des plus vifs ; celui du prince de Talleyrand est écrit avec une plume vengeresse, trempée dans du fiel ; celui de M. Thiers est incomplet et injuste. Pourquoi s'en étonner après l'aventure de Blaye ? Au surplus, ce sont les dernières années de la vie de M. Thiers qui sont les plus éclatantes et les moins critiquables de sa carrière politique.

Les *Mémoires d'outre-tombe* pècheraient par la grandeur, si Chateaubriand, avant de les clore, n'avait pas jeté sur la société française un coup d'œil prophétique. Des considérations aussi clairvoyantes que hardies s'échappent de cette plume qui savait, pour tous les sujets, trouver une forme souveraine. Désintéressé des choses humaines et détaché du monde, n'ayant plus d'autre distraction que de voir jouer sa chatte, il donnait au poème de sa vie cette conclusion digne d'un aussi noble esprit :

« La société entière moderne quitte la monarchie. Les principes les plus hardis sont proclamés en face des monarques, qui se prétendent rassurés derrière la triple haie d'une garde suspecte. La démocratie les gagne ; ils montent d'étage en étage, du rez-de-chaussée au comble de leur palais, d'où ils se jetteront à la nage par les lucarnes. Au milieu de cela, remarquez une contradiction phénoménale. L'état matériel s'améliore, le progrès intellectuel s'accroît ; et les nations au lieu de profiter s'amoindrissent ; d'où vient cette contradiction ? C'est que nous avons perdu dans l'ordre moral...

« Si le sens moral se développait en raison du développement de l'intelligence, il y aurait contrepoids et l'humanité grandirait sans danger ; mais il arrive tout le contraire. La perception du bien et du mal s'obscurcit à mesure que l'intelligence s'éclaire. La conscience se rétrécit à mesure que les idées s'élargissent... Oui, la société périra... Le monde actuel, le monde sans autorité consacrée, semble placé entre deux impossibilités : l'impossibilité du passé, l'impossibilité de l'avenir. On a dit qu'une cité dont les membres auront une égale répartition de bien et d'éducation, présentera aux regards de la divinité un spectacle, au-dessus du spectacle de la cité de nos ères. La folie du moment est d'arriver à l'unité des peuples, et de ne faire qu'un seul homme de l'espèce entière. Soit; mais, en acquérant des facultés générales, tout une série de sentiments privés ne perira-t-elle pas? Adieu les douceurs du foyer! adieu les charmes de la famille! Parmi tous ces êtres, blancs, jaunes, noirs, réputés vos compatriotes, vous ne pourriez vous jeter au cou d'un père. . . . . Je ne trouve de solution à l'avenir que dans le christianisme, et dans le christianisme catholique. . . . .

« Le christianisme est l'appréciation la plus philosophique et la plus rationnelle de Dieu et de la création ; il renferme les trois grandes lois de l'univers : la loi divine, la loi morale, la loi politique : la loi divine, unité de Dieu ; la loi morale, charité ; la loi politique, c'est-à-dire liberté, égalité, fraternité.

« Stable dans ses dogmes, le christianisme est mobile dans ses lumières ; sa transformation enveloppe la transformation universelle.

« Quand viendra ce jour désiré? nul ne le peut dire. On ne saurait calculer les résistances des passions..... Le temps du désert est revenu; le christianisme recommence dans la stérilité de la Thébaïde, au milieu d'une idolâtrie redoutable, l'idolâtrie de l'homme envers soi. »

Conséquent avec lui-même, Chateaubriand, après avoir rouvert les portes du Temple avec le *Génie du Christianisme*, affirme, avant de tourner le dernier feuillet du livre de la vie, sa confiance dans la régénération de la société par l'idée chrétienne. Il est impossible de ne pas être frappé de l'énergie de ces réflexions suprêmes. Elles ferment d'une façon magistrale le beau livre qui prendra sa place avec *René* à la tête des œuvres de Chateaubriand, dès qu'une édition conforme aux intentions de l'illustre écrivain aura paru.

Nous avons voulu par de nombreux extraits faire connaître les *Mémoires d'outre-tombe* ; leurs défauts, et il y en a, sont peu de chose, en présence de beautés d'un ordre supérieur ; elles consacrent la gloire du premier écrivain du siècle. C'est aussi, pour un moraliste, le plus éloquent monologue de l'orgueil et de l'honneur quasi-féodal, unis à une sensibilité particulière et aiguë, le tout enveloppé d'une suprême mélancolie.

CHAPITRE XIII.

INFLUENCE DE CHATEAUBRIAND. QU'EN RESTE-T-IL ?

CONCLUSION.

Telle est l'œuvre de Chateaubriand.

Elle prit de plus en plus possession des intelligences, à mesure que s'éteignaient les derniers représentants du xviii° siècle ; elle a captivé plusieurs générations.

L'originalité de Chateaubriand est d'avoir compris que le développement de l'individu, principale conséquence de la Révolution française, avait amené une rupture avec l'esprit de la société des deux âges précédents ; que ces temps d'heureuse sociabilité étaient trop enchantés d'eux-mêmes, pour se complaire dans l'étude du passé, dont ils n'avaient pas même le sens ; que le voile qui nous séparait de ce passé, devait se lever. Chateaubriand **avait** pressenti que les âmes troublées se sentaient isolées et impuissantes et qu'au rire de l'incrédulité succédait son malaise. Une croyance vague encore se substituait progressivement au scepticisme que Chateaubriand battait en brèche, après avoir subi son empire. Le spiritualisme renaissait au lendemain de la plus complète anarchie morale, et Chateaubriand, sans trop de profondeur dogmatique, l'avait uni au sentiment chrétien, dans la proportion qui convenait merveilleusement aux dispositions de son époque : et la jeunesse, avide de croire, allait, l'Empire une fois tombé, se lancer à la suite du nouvel Orphée. Pendant qu'elle assistait, comme témoin, aux merveilles ou aux désastres de la prodigieuse épopée militaire que Napoléon écrivait de son épée, Chateaubriand et Mme de Staël restaient les seuls gardiens du feu sacré presque éteint. Partout en dehors d'eux, dans le monde des académies, les formes étaient vides, la discipline, glaciale.

Dès que la paix avait été assurée, les inquiétudes calmées, les âmes avaient pu se livrer sans contrainte à leurs rêves, et l'on put s'apercevoir que Chateaubriand y avait fait éclore une poésie inconnue. Au-dessus du bruit des batailles, il avait représenté l'idéalité humaine, et il avait eu une action invisible ; elle fut, au début, très aristocratique, elle s'adressa à l'élite : une sève de vie nouvelle circula dans les veines de la jeunesse éclairée ; et quand le régime représentatif fut maître du pays, on se laissa presque enivrer de lyrisme et d'art. On venait de retrouver le grand secret perdu.

« Nous étions soulevés comme par des soufiles, a dit

Le Tombeau de Chateaubriand, au Grand-Bé.

un contemporain, et il nous semblait que nous allions être emportés vers un radieux avenir. »

C'était le *Romantisme* qui naissait et Chateaubriand en était le créateur ; à ses débuts l'école romantique fut à la fois chrétienne et royaliste, en attendant qu'elle devînt, comme, on disait alors, shakespearienne, et que la bonne lame de Tolède frappât d'estoc et de taille.

La réforme poétique commence d'abord ; et dans les premières préfaces des *Odes*, dans la préface de *Cromwell*, Victor Hugo estime que l'histoire des hommes ne présente de poésie que jugée du haut des idées monarchiques et religieuses, et il réédite les idées de Chateaubriand sur le renouvellement de l'art par le christianisme. Le poète des *Méditations*, dans ses ravissements, dans ses élévations les plus ferventes, suit la même voie. Le premier Alfred de Vigny, celui d'avant la *Maison du Berger* et d'avant les *Destinées*, est le plus sincère de la famille de *René* ; et si dans les chants d'Alfred de Musset, la révolte, le désespoir ou l'exaltation de l'amour inspirent les plus beaux vers, on entend encore dans leurs malédictions ou dans leurs sanglots, l'écho affaibli de la prière.

Mais ce n'est que le moindre côté de l'influence littéraire de Chateaubriand. Après avoir inspiré aux nouveaux adeptes de l'école romantique le sentiment religieux, il a substitué dans les œuvres

10*

d'imagination, qu'elles s'appellent élégie, poème
ou roman, la vie personnelle, et le caractère subjec-
tif à un régime de convention. Comme il n'avait
peint que lui-même dans tous ses héros, il apprit
aux poètes à chanter leur cœur, aux romanciers à
raconter leurs souffrances, leurs dédains, ou leurs
joies, sous le masque de leurs personnages ; et
comme on atteint bien vite le fond de la nature humaine, en parlant de soi, les notes les plus persis-
tante dans la bouche de René, c'est-à-dire la tristesse et le désenchantement passèrent dans le romantisme. Il a transformé les mœurs, en créant le
mal du siècle. Les plus désespérés furent les chants
les plus beaux, et *Olympio*, quoique plus robuste et
plus sain, et plus artiste et plus sensuel qu'amoureux, a été lui-même un moment atteint de la
maladie, dans les *Feuilles d'Automne*, les *Chants du
Crépuscule*, et les *Rayons et les Ombres*.

La noblesse que laisse après elle toute blessure
au cœur, c'est Chateaubriand qui l'apporte aux
jeunes générations de 1820 à 1830, avec l'ironie
du bonheur, avec le sentiment de la fragilité des
choses humaines et du peu de durée de l'amour.
Jamais, depuis Pascal, cette impossibilité d'être
heureux n'avait pénétré à ce point la littérature et
ne lui avait donné ce caractère. Le sentiment de
l'immortalité de l'âme s'accrut ainsi, chez tous les
poètes de cette période, de l'impuissance de goû-
ter les vraies félicités sur la terre.

Certes, inventer un état psychologique n'est

pas commun, mais créer des attitudes mondaines qui confinèrent au ridicule, n'est pas non plus donné au premier venu ; c'est ce qui arriva. L'*Homme fatal, Hernani, Didier, Antony*, amena les incompris, les pâles adolescents, aux longs cheveux, avec l'esprit amer dont on raffolait, dans un certain monde. La tendresse, la passion, ne suffisaient plus pour faire un amoureux accompli. Il fallait encore une certaine fierté dédaigneuse, je ne sais quoi de mystérieux ; derrière l'amant, on devait sentir un héros inconnu, en butte aux injustices du sort et plus grand que son destin.

Rendons cette justice à Chateaubriand : il protesta et ne voulut jamais se reconnaître dans sa descendance.

Les manières particulières de sentir, les *individualités* d'esprit et de caractère, ne peuvent s'étendre et se multiplier, dans de grands et nombreux tableaux. Une maladie de l'âme n'est pas permanente ; du jour où elle devient un système, elle touche à sa fin.

Ne confondons pas non plus les fils de René avec les jeunes excentriques, les rapins chevelus, dont parle Théophile Gautier, célèbres par leur haine des *Philistins* autant que par leurs gilets fantastiques. Ceux-là n'étaient pas blessés au cœur par la mélancolie de René. Ce fut tout autre chose.

Chateaubriand est encore le grand ancêtre de l'Ecole de 1830, par sa façon particulière d'aimer la nature.

Jean-Jacques Rousseau et Bernardin de Saint-Pierre avaient été les véritables poètes descriptifs du xviii° siècle. Sans doute, ils avaient exprimé avec autant de force que de grâce le charme et la grandeur des paysages qui s'étaient déroulés sous leurs regards ; mais Chateaubriand et les romantiques, après lui, voient autrement la nature ; ils mêlent leurs sentiments à la peinture des choses extérieures ; elles sont associées à la tristesse humaine ; si elle ne console pas, la nature berce les douleurs ; elle est le miroir de l'âme du poète, et plus encore, sa confidente. Son rôle devient prépondérant, particulièrement chez une femme de génie qui a subi profondément l'influence de Chateaubriand, Mme George Sand. Est-ce que certains passages de *Lélia* d'une vraie grandeur ne sont pas inspirés par *René* ? Et les traînes du Berry et la Vallée noire n'ont-elles pas porté bonheur à *Valentine* et aux *Lettres d'un Voyageur* ?

Le romantisme — et nous ne parlons pas seulement des lettrés, nous comprenons les artistes, les peintres et les graveurs, — doit enfin à Chateaubriand son côté décoratif et pittoresque, son culte pour le moyen âge, non pas le moyen âge vrai, mais le moyen âge décoratif, avec ses pages et ses ménestrels, ses châtelaines « au cou de cygne » et ses chevaliers servants, ses oubliettes et sa Cour des Miracles ; *Notre-Dame de Paris* n'eût pas été possible sans le *Génie du Christianisme*. Dans toute la littérature d'imagination de 1820 à 1835, on retrouve, en opposition à la mythologie antique, le merveilleux national, qui attache au christianisme mille superstitions originales, remplaçant les Euménides par les sorciers, les cyclopes par les gnômes et Pluton par le diable. La passion des artistes pour notre admirable architecture gothique et pour nos vieilles cathédrales remonte à Chateaubriand.

Ce n'est pas tout. Le mouvement qui détermina dans notre pays l'étude de la littérature anglaise et de toute littérature étrangère, vient aussi de lui. Bien que son œuvre sur ce point fût imparfaite, Chateaubriand ne prononça pas moins avec admiration, devant la France qui l'écoutait, les noms de Shakespeare, de Milton, de Walter-Scott, de Byron. Ces grands hommes furent adoptés par l'école romantique avec enthousiasme et frénésie. Elle opposait en toutes circonstances, aux Delille, aux Baour-Lormian, aux Luce de Lancival, aux Arnault, aux Viennet, à tout ce personnel pseudo-classique, *Hamlet* et *Macbeth*, *Ivanhoë* et *Quentin Durward*, *Lara* et *Parisina*. Les romantiques se réclamèrent de ces immortelles œuvres, pour les jeter dans la bataille à la face de leurs adversaires, et pour prêcher la nécessité d'abandonner sans retour les routes serviles et scolastiques, faussement décorées du nom de classiques. Chateaubriand avait affranchi l'art, en reconnaissant le beau, sous toutes ses formes, avec des types aussi divers qu'il y a de sociétés différentes.

Sur un point, il se sépara hautement de ceux qui reconnaissaient descendre en droite ligne de lui. Aux yeux des vrais romantiques et du premier de tous, V. Hugo, à côté du beau existe le laid, et, s'il a sa place dans la nature, il doit l'avoir aussi dans l'art. Plutôt que de dédoubler l'homme et la vie, l'illustre créateur de *Quasimodo* mêle systématiquement dans ses créations le laid avec le beau, le mal avec le bien, l'ombre avec la lumière. Chateaubriand a toujours protesté contre cette théorie, et dans un de ses derniers livres, il s'exprime en ces termes vigoureux :

« Soutenir qu'il ne faut pas choisir, qu'il faut tout peindre ; que le laid est aussi beau que le beau, c'est tout simplement un peu d'esprit dans ceux-ci, une dépravation du goût dans ceux-là, un sophisme de la paresse dans les uns, de l'impuissance dans les autres. »

Il avait donné des ailes à la poésie pour planer dans les hautes régions, et jamais pour descendre.

Sa transformation de la langue, qui ne dépassa pas, chez lui, les limites du goût, constitua un progrès nécessaire. Le dictionnaire était en effet de plus en plus appauvri ; les néologismes les plus inoffensifs effarouchaient les plus hardis. On a dit, non sans esprit, que la Révolution avait triomphé moins aisément de l'ancien régime littéraire que de l'ancien régime politique. La phrase était devenue courte et sèche, sans harmonie, comme sans éclat. Chateaubriand, dans ses belles pages, a rendu à la langue française le souffle large et puissant qu'un grand écrivain, comme Bossuet, lui avait donné. Il lui a restitué le rythme d'un charme incomparable, avec le nombre qu'elle ne connaissait plus. Il l'a enrichie, en la fouillant, s'appropriant ce qu'elle avait d'expressif et de coloré, même avant Ronsard ; il lui a communiqué un éclat et un relief extraordinaires, avec le penchant très marqué en lui de rapprocher toujours un objet matériel d'un état de l'âme ; il a surtout imprimé à la phrase une harmonie et une grâce qui rapprochent sa prose du vers. L'école moderne doit à Chateaubriand la rénovation du vocabulaire ; il fit la guerre aux mots convenus, aux locutions toutes faites, substitua l'image à l'abstraction, le pittoresque au descriptif.

Sa prodigieuse intelligence du passé est allée jusqu'à susciter la révolte contre les formules de convention de l'histoire, en la faisant sortir d'une sorte d'uniformité monotone, pour lui souffler la vie, avec toute la variété de ses couleurs et ses détails caractéristiques. C'est lui qui a écrit ces lignes d'une haute portée d'esprit, dans la préface de ses *Etudes historiques* : « Klovigh, dans nos annales antérévolutionnaires, ressemble à Louis XIV et Louis XIV à Hugues Capet. On avait dans la tête le type d'une grave monarchie, toujours la même, marchant carrément avec trois ordres, et un Parlement en robe longue ; de là cette monotonie de récits, cette uniformité de mœurs qui rend la lecture de notre histoire générale insipide. »

Partout, en un mot, dans toutes les branches de la littérature, Chateaubriand a entraîné les imaginations à sa suite. Il est l'axe sur lequel tourne l'ensemble de la littérature du XIXe siècle.

Le siècle que Chateaubriand a rempli de son nom va finir. Que restera-t-il de son œuvre ?

Bien que le *Génie du Christianisme* ne soit d'aucune façon à la hauteur des sciences religieuses, il est un maître livre, non par les côtés théologiques ou philosophiques, qui sont d'une insuffisance notoire, mais par les côtés critiques et par le sentiment du beau. Ce n'est pas, à beaucoup près, un livre de piété ; s'il a été un événement religieux pour la fin de la société du XVIIIe siècle, aujourd'hui ce n'est plus qu'un fait historique ; mais c'est encore pour tous un ouvrage plein d'idées ; malgré des lacunes de savoir, il restitue à la religion chrétienne la place qu'elle doit occuper pour tout esprit élevé dans la civilisation, dans la littérature et dans l'art.

Sans doute son style a plusieurs manières que nous ne plaçons pas au même rang ; mais tant que les lettres françaises existeront, on devra lire les funérailles d'*Atala*, tout *René*, quelques pages de l'*Itinéraire*, le 1er livre des *Martyrs* et le récit d'Eudore, et, malgré des défauts, les *Mémoires d'outre-tombe,* surtout quand une édition conforme aux intentions de l'auteur nous sera donnée.

Quelle que soit la réaction de l'école réaliste contre le romantisme et le sentiment personnel, gardons-nous de croire que la gloire de Chateaubriand puisse cesser de rayonner, aux yeux de l'homme de goût ; il est encore le plus original et le premier de tous ceux qui l'ont suivi, plutôt, il est vrai, par la magnificence et la noblesse de l'esprit que par la puissance et la fécondité : nul écrivain n'a porté plus loin l'amour de la perfection. Il est toujours le maître dans l'art de l'arrangement de la phrase ; ces mots si savamment disposés, qui, par le grandiose et la fierté des images, peignent d'un coup de pinceau, et qui exerçaient tant de prestige sur les contemporains, l'exercent encore. Qui donc, dans les lettres, n'admire plus la cime *indéterminée* des forêts, le désert qui déroule ses *solitudes démesurées,* le ciel *noyé* de la Scandinavie, et tant d'autres expressions inoubliables ?

Un don avait persisté en lui et n'avait pas vieilli. c'est la poésie. Le défaut et la beauté de son existence livrée à tant de vicissitudes tiennent à ce qu'il est resté poète. « Tout ce que Chateaubriand « a été dans sa carrière, il l'a été en poète, et sa « vie en est devenue la plus sincère des fictions ». Si son style a parfois trop la conscience de ses effets, si l'on y trouve çà et là trop de préférence donnée à la vigueur des couleurs, il se sert au moins de la langue de tout le monde : et presque toujours, dans le récit ou dans la polémique, la phrase de Voltaire n'a pas plus de sveltesse et d'agilité que la sienne. Ce serait en effet une erreur de croire qu'avec toute sa pourpre parfois asiatique, l'esprit de Chateaubriand manquât de la première des qualités françaises : la justesse, et le bon sens ; il en avait beaucoup et il a gardé effilé le trait du Parthe, allant droit au but. Il est à remarquer que son talent, sauf cette erreur qui s'appelle la *Vie de Rancé*, a été toujours en voie de progrès ; il avait pris une constitution plus ferme, plus de variété dans les mouvements, sans rien perdre de son originalité.

Son vrai défaut, ou, pour mieux dire, le vrai danger de deux ou trois de ses livres, est ce qu'on a appelé la prose poétique ; mais Chateaubriand s'arrête sur la limite, de façon à décourager les faux imitateurs, les Marchangy et les d'Arlincourt. Au surplus, les belles pages dans les *Martyrs*, celles qui survivent, ne tiennent pas aux procédés de l'épopée factice ; ce sont les descriptions, les caractères, les portraits, ce qu'on a appelé d'un mot juste, le *roman moral*. S'il a parfois exagéré la hardiesse des images, c'est en haine de la banalité ; s'il a souvent emprunté pour le style les procédés de la peinture, c'est qu'il fallait donner définitivement droit de cité au génie pittoresque.

Il est un autre avantage que la fin de ce siècle n'a pu ôter à notre grand ancêtre : il est venu à propos. On peut se demander s'il ne manquerait

pas quelque chose à 89, si *René* n'avait pas paru ;
et ce n'est pas un des moindres étonnements de
l'histoire littéraire, que, destiné par sa naissance
et ses origines à être un des champions du passé,
Chateaubriand ait été préparé par son génie et
par son éducation indépendante et presque sau·
vage à être l'écrivain qui, depuis Ronsard, a le
plus révolutionné les lettres.

En résumé, l'essence de ce génie est d'abord la
grandeur ; elle était autour de lui, comme en lui,
dans ses premiers rêves, et dans les spectacles
qui frappèrent ses yeux ; Chateaubriand est grand
aussi par le mépris qu'il portait au monde et par la
distinction indéfinissable de toute sa personne ;
ce qui était petit et vulgaire, lui fit toujours horreur. Il découvrit de bonne heure que le fond de
la vie est la tristesse. « Il était né triste, parce
« qu'il était né profond, comme les autres naissent
« gais, parce qu'ils sont légers. » Le rire est fugi-
tif et les pleurs sont éternels. A la grandeur s'unit
donc en lui la suprême mélancolie de la vie ; et
c'est tout Chateaubriand. Nous ne faisons entrer
dans notre jugement ni l'homme politique, ni le
citoyen ; non pas qu'il ait abaissé sa nature, mais
il ne fut, sous la Restauration comme sous la
monarchie de Juillet, qu'un homme d'honneur et
de passion, à la fois ami de Carrel et de Béranger
et des Bourbons, avec les pressentiments de l'arrivée prochaine au pouvoir de la démocratie.

Dans l'anarchie intellectuelle et morale qui est le caractère de la fin du XIXe siècle, le père du romantisme survivra à sa chute.

De même que l'école romantique avait été une représaille de la sensibilité personnelle et de l'imagination contre la hiérarchie immuable que le classicisme avait établi entre les divers genres, et contre un rationalisme excessif ; de même ce qu'on appelle le réalisme est le triomphe momentané de la science sur la poésie et le sentiment. Sa parenté avec deux doctrines philosophiques est manifeste.

Sous un nom général, deux sérieux adversaires attaquent en effet l'idéalisme : c'est d'une part le positivisme qui considère les théories comme des imaginations sans consistance et se borne à constater des faits ; c'est d'autre part le déterminisme qui supprime le libre arbitre et par suite ce que nous appelions jusqu'ici la morale et le devoir.

Qu'on ne croie pas que de pareilles doctrines soient sans influence dans le domaine de la littérature, et qu'elles n'aient aucun rapport avec le sujet que nous traitons.

Quoi qu'on en dise, l'idéalisme n'a pas fini son rôle. Sans vouloir parler de la politique et des questions sociales, ou religieuses, et pour nous renfermer dans les choses littéraires, il est visible, dès à présent, que le caractère commun du roman, du théâtre, de l'histoire, est d'être exclusivement *documentaire*. Réduire le plus possible la part de l'invention, proscrire la poésie, mesurer la valeur d'un livre uniquement à ce qu'il contient de documents, c'est porter atteinte à l'esprit humain lui-même, c'est confondre l'histoire et les pièces justificatives, le roman et l'histoire naturelle, le théâtre et la constatation des événements du jour. C'est croire que la vérité et l'art sont opposés, et que toute œuvre où entrent l'idéal et l'imagination est suspecte ; c'est exclure de la littérature ce qui lui appartient en propre, c'est, pour emprunter un mot bien connu, étendre l'empire des lois organiques jusque dans le domaine de la production littéraire, c'est voir uniquement dans l'homme un animal d'espèce supérieure qui produit des philosophies et des poèmes, à la façon dont les abeilles font leur miel (1).

La réaction contre l'idéalisme touche à sa fin. Cette détermination fatale ou nécessaire de tous les phénomènes de la vie morale par les influences de la race et de la famille, quand il s'agit des questions les plus multiples et d'une matière aussi délicate que variée, ce système d'unité factice partout substitué à ce qu'il y a de plus ondoyant et de plus divers, sont contraires au bon sens par leur exagération et faussent le jugement par leur partialité et leur exclusivisme.

____

(1) *Le mouvement littéraire au XIXe siècle*, par Charles Pellissier.

Sans idéal, une œuvre littéraire, quel que
soit son genre, quelle que soit la profondeur
de l'observation, quelque puissant que soit le
relief des personnages, a toujours le caractère
d'une étude et n'éveille que la curiosité ; elle
n'est pas faite pour l'élite. Nous nous gardons
d'employer le mot de revanche à prendre par
l'imagination et le sentiment contre l'analyse
et contre ce qu'on nomme le réalisme ou le
naturalisme. Il s'agit de redonner à l'inspiration
personnelle, à la partie élevée et harmonieuse de
l'âme humaine, à l'art idéaliste, la place pré-
pondérante qu'ils doivent occuper dans toute littérature, et qui est momentanément vide.

C'est ce mouvement que nous désirons voir de
jour en jour se dessiner et grandir. La science et
ses méthodes n'auront qu'à gagner au réveil de la
passion de l'idéal.

Si nous y joignons le besoin manifeste d'un
retour à la langue des maîtres, au milieu du relâ-
chement des lettres contemporaines, nous con-
clurons que Chateaubriand gardera sa prise sur
les esprits délicats et amoureux du beau langage.
Ce style unique, à la fois brillant et fort, « qui
jouait du clavecin, sur toutes les fibres de Mme de
Beaumont », n'a rien perdu de ses qualités d'enchantement.

Chateaubriand est le dernier de nos grands classiques ; il mérite l'immortel souvenir des lettrés,
de tous ceux qui ont été percés des flèches de

Diane. Il faut le défendre contre l'ingratitude des nouveaux venus, parce qu'on peut lui appliquer ce mot de Voltaire : « il a fait du bien aux lettres qui en ont fait à la France. » Et si des critiques sévères, exagérant les lacunes et les imperfections de son génie, ne s'associaient à l'éloge de son nom qu'avec de trop grandes restrictions, et oubliaient combien il a ouvert d'horizons, fourni d'imagination à tous les arts, inventé de mots qui vont grossir le vocabulaire général des peuples, nous leur rappellerions ces paroles du maître admirable à qui cette étude est consacrée :

« N'imitons pas Cham le maudit, ne rions pas, si nous rencontrons nu et endormi, à l'ombre de l'arche échouée sur les montagnes d'Arménie, l'unique et solitaire nautonier de l'abîme. Mais honorons de notre piété filiale ce navigateur diluvien qui recommença la création. »

FIN.

TABLE DES MATIÈRES

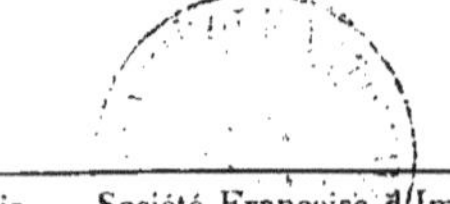

Paris — Société Française d'Imprimerie et de Librairie.